U0105298

HISTORIANS IN THE
HAN DYNASTY

Family of Heroes
The Ban in the Han Dynasty

班氏列传

大汉史家

上

王世东 / 著

團结出版社
UNITY PRESS

图书在版编目（CIP）数据

大汉史家：班氏列传 / 王世东著 . -- 北京：团结
出版社，2024.3
　ISBN 978-7-5234-0405-8

Ⅰ.①大… Ⅱ.①王… Ⅲ.①班固（32-92）- 传记
②班昭（约49-120）- 传记 Ⅳ.① K825.81

中国国家版本馆 CIP 数据核字 (2023) 第 167059 号

出　版：团结出版社
　　　　（北京市东城区东皇城根南街 84 号　邮编：100006）
电　话：（010）65228880　65244790（出版社）
　　　　（010）65238766　85113874　65133603（发行部）
　　　　（010）65133603（邮购）
网　址：http://www.tjpress.com
E-mail：zb65244790@vip.163.com
　　　　tjcbsfxb@163.com（发行部邮购）
经　销：全国新华书店
印　装：三河市东方印刷有限公司

开　本：146mm×210mm　32 开
印　张：14.75
字　数：243 千字
版　次：2024 年 3 月　第 1 版
印　次：2024 年 3 月　第 1 次印刷

书　号：978-7-5234-0405-8
定　价：86.00 元（上下册）

献给我的父亲

——我的启蒙导师

序言

提到西汉，我们可以联想到很多大人物，既有"起于布衣之中，奋剑而取天下"的开国皇帝汉高祖刘邦，也有"有亡秦之失而免亡秦之祸"的雄才之主汉武帝刘彻，还有"兴于闾阎，知民事之艰难"的中兴之主汉宣帝刘询，更有"身既失德，朝无名臣"的汉哀帝刘欣；而被斥为"以乡愿窃天位"的新朝皇帝王莽，也因国祚太短、继起的东汉仍是刘氏子孙，没有得到后世史学家的承认，直接被归并到西汉的最末。

我们现在之所以能够轻松了解这些人物，归根到底来源于一部《汉书》。

《汉书》是我国第一部纪传体断代史，突破了《史记》的构书体系，开创了"包举一代"的断代史新体例，成为我国古代官方修史的端绪，唐代史学家刘知几曾言"自尔讫今，无改斯道"，也就是事实上以后列朝"正史"都沿袭了《汉书》的体裁。

　　而在《汉书》的背后，东汉望都长班彪、玄武司马班固、
"曹大家"班昭等人父子相继、兄妹相承的班氏家族传奇，更是
让人充满敬意。

　　此外，扶风班氏家族里还有西汉班婕妤，东汉定远侯、西
域都护班超等人物，皇室外戚、文武兼备的显赫身份，昭示着
这个家族的不一般。

　　通过数年深入研究、思考，将扶风班氏家族从公元前764
年到公元748年这一千多年的历史，做了逐一梳理。

　　本书以正史为核心，综合运用了《左传》《史记》《汉书》
《后汉书》《说苑》等数十种历代官修史书和文人笔记，以现代
的语言来进行呈现。

目 录

上 册

第一章 班氏先祖：从南方王族到亡命天涯

下　册

第一章

班氏先祖：从南方王族到亡命天涯

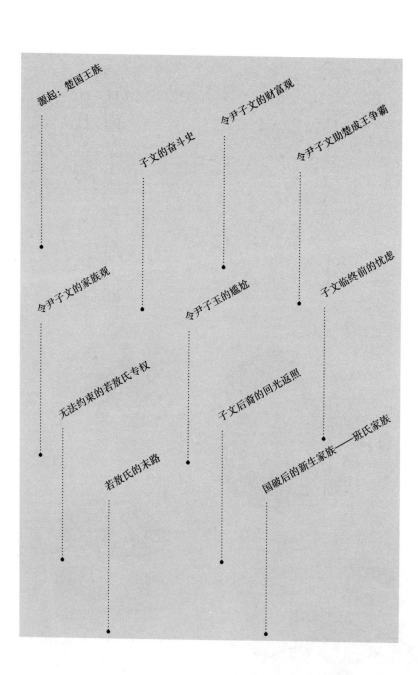

源起: 楚国王族

子文的奋斗史

令尹子文的财富观

令尹子文助楚成王争霸

令尹子文的家族观

令尹子玉的尴尬

子文临终前的忧虑

无法约束的若敖氏专权

子文后裔的回光返照

国破后的新生家族——班氏家族

若敖氏的末路

第一节　源起：楚国王族

班氏之先，与楚同姓，令尹子文之后也。

——《汉书·叙传》

初，若敖娶于云阜，生斗伯比。若敖卒，从其母畜于云阜，淫于云阜子之女，生子文焉。

——《左传·宣公四年》

熊鄂九年，卒，子熊仪立，是为若敖。

——《史记·楚世家》

两千七百多年前的一天，阳光刚刚好，爱好打猎的郧国国君，带领随从寻找着心仪的猎物。

突然，郧国国君发现丛林深处，似乎有一只体形彪悍的猛虎，顿时来了兴致，一路策马狂奔过去，准备捡弓搭箭。

就在此时，这只猛虎一个转身，眼前的一幕让郧国国君与追赶上来的随从瞠目结舌：

平日里凶狠无比的母虎，此时正抱着一个襁褓中的男婴喂奶呢！

更神奇的是，这只母虎和男婴见到郧国国君和他的随从一行人，并没有丝毫害怕与慌张，母虎反而上前选了一块平地，把男婴慢慢放好，然后和郧国国君对视良久，似乎在嘱托他照顾这个男婴。

郧国国君没见过这般阵势，但他看那男婴天庭饱满，浓眉大眼，知道绝非寻常人家的孩子，就重重地点了点头，母虎也对着郧国国君抬了抬颔，然后才慢慢走向山林深处。

待那母虎消失于密林中，郧国国君才回过神来，而母虎留下的男婴也正对他咧嘴笑呢！

郧国国君觉得这孩子是天赐的神童，就赶紧把他抱回家了。

这母虎喂养的男婴，就是班氏家族的先祖。

关于这段描述，《汉书》中有所记载。

在《汉书·叙传》一开篇，东汉玄武司马、中护军班固就不无自豪地写道："班氏之先，与楚同姓，令尹子文之后也。子文初生，弃于蓉中，而虎乳之。"

这里的"楚"，就是先秦诸侯国楚国，"子文"则是楚国令尹斗縠於菟的字。

班固说得很清楚，班氏先祖的姓氏就是楚国的国姓，他们都是楚国令尹子文的后代。

令尹是春秋战国时期楚国朝政中的最高职务，总揽军政大权于一身，一般由楚国贵族担任，而且大多数是芈姓（熊氏、若敖氏、屈氏、昭氏等）之族，即楚国的王族。

斗縠於菟刚生下来的时候，就被父母抛弃在荒郊野岭。正像我们开头所说的，斗縠於菟也是命不该绝，竟有一只母虎哺乳了他。

而笔者也在《左传·宣公四年》中，发现了另一段关于子文被母虎哺乳的类似记载：

初，若敖娶于䢵，生斗伯比。若敖卒，从其母畜于䢵，淫于䢵子之女，生子文焉。䢵夫人使弃诸梦中，虎乳之。䢵子田，见之，惧而归，以告，遂使收之。楚人谓乳縠，谓虎於菟，故命之曰斗縠於菟。以其女妻伯比，实为令尹子文。

这段记载不仅与《汉书·叙传》上关于子文出生的经过相吻合，而且还交代了斗縠於菟的身世，即他的父亲叫斗伯比，祖父则叫若敖。

斗伯比和若敖又是谁呢？解开这个谜团，子文身世的脉络就非常清晰了。

还别说，笔者真在《史记·楚世家》中找到了这位若敖先生的下落：

> 熊咢九年，卒，子熊仪立，是为若敖。若敖二十年，周幽王为犬戎所弑，周东徙，而秦襄公始列为诸侯。

从这段历史记载，我们可以得出一个非常明确的结论：若敖便是楚国的国君熊仪。

那我们现在来捋一下头绪：班氏家族的先祖是楚国令尹子文，子文又是楚国国君熊仪的孙子，如此串联起来，班氏家族也就是高贵的楚国王族之后了。

不过，班氏家族的先祖、楚国令尹子文既然是楚国国君熊仪的孙子，为什么一出生就被父母抛弃？他为什么要叫"斗榖於菟"这么奇怪的名字呢？

第二节　子文的奋斗史

> 楚人谓乳"穀"，谓虎"於菟"，故名穀於菟，字子文。
>
> ——《汉书·叙传》
>
> 秋，申公斗班杀子元，斗穀於菟为令尹。
>
> ——《左传·庄公三十年》

任何一个有传奇经历的人，必然有一段无法逃避的苦难记忆。

子文当然也不例外。

不过，想要解读子文，先得从他的爷爷楚国国君熊仪说起。

熊仪是春秋初期楚国的第十四任国君，楚国国君熊咢的儿子。公元前764年，在位二十七年的熊仪去世，因死后葬在若敖，被尊为"若敖"，这是楚国国君有谥号的开始。

熊仪死后，他的长子熊坎继任为楚国国君，是为楚霄敖。熊仪的幼子斗伯比则以他的谥号若敖为氏，成为若敖氏家族的开山鼻祖。斗伯比又因被封于斗邑（今湖北郧西），同时成为斗氏的得姓始祖。

斗伯比从小跟母亲在云阜生活，长大后与自己的表妹私通，表妹生下了一个儿子，就是后世赫赫有名的楚国令尹子文！

纸里包不住火，斗伯比的表妹是郧国国君的女儿，郧夫人很快知道了这件事，为了给没有出嫁的女儿遮丑，就命人把刚出生的子文遗弃在荒郊野岭，任其自生自灭。

巧的是，天无绝人之路，小子文哇哇的啼哭声惊动了附近的一只母虎。母虎本打算吓唬一下小子文，然后再吃掉他，结果发现无论它怎么摆阵势、嘶吼，幼小的子文根本没有一丝惧色，反而示威似的哭得更大声了。

母虎一下子心软了，竟然抱起小子文给他喂起了奶，而吃到奶的小子文也慢慢不再哭闹，和母虎亲昵起来。

而郧夫人自打扔了小子文后，心情稍微放松了一点，可仅仅过了一天，丈夫郧国国君就带回来一个婴儿，还说这是天降的神童，要交给女儿来抚养。

郧夫人本以为是丈夫在外拈花惹草闹出了事，正要发作的时候，多看了婴儿一眼，差点晕了过去：这不就是一天前刚刚扔掉的小子文吗！

郧国国君还不知道女儿未婚生子的事，就觉得母虎喂养子文的事情太过罕见，想着抱回家亲自抚养他长大，说不定能为郧国带来好运。

郧夫人也惊讶于外孙强大的求生能力，就让丈夫把子文交给女儿带，同时派人到楚国找到斗伯比，把子文出生的事情告诉了他，要斗伯比赶紧来郧国提亲。

斗伯比得知自己已为人父特别高兴，立即带上聘礼来到郧国，向郧国国君提亲，要求娶他的表妹为妻。

郧国国君之前已经听过郧夫人的枕边风，斗伯比又是他从小看着长大的，现在年轻英武，做事有度守礼，加上还是楚国公子，郧国国君满口答应了这门亲事，并定下了成亲日期。

第二年，郧国国君按照约定好的时间，把女儿跟小子文送到楚国，与斗伯比成亲。

其实郧国国君并不愿意把小子文送到楚国，他觉得留下来可能对郧国有好处，但架不住郧夫人极力劝说，再加上女儿和女婿斗伯比也都明确表示愿意好好照顾小子文，他也就不得不忍痛割爱了。

到这里，子文终于回到了父母身边，他跟了父亲的"斗"没毛病，可"縠於菟"这个名，又是什么呢？

答案就在《汉书·叙传》里："楚人谓乳'縠'（音同"谷"），谓虎'於菟'，故名縠於菟，字子文。"

应该说，斗伯比是出于对儿子特殊经历的纪念，楚国人称哺乳为"縠"，称老虎为"於菟"，他就为这个大难不死的儿子取名"縠於菟"，字子文。

斗伯比在父亲熊仪、兄长熊坎在位期间，开始步入楚国政坛，积累从政经验。

公元前758年，在位六年的楚霄敖去世，他的长子熊眴继位，是为楚蚡冒。

公元前741年，在位十七年的楚蚡冒去世，随后他的弟弟公子熊通发动政变，杀死了楚蚡冒的儿子，自立为楚国国君，是为楚武王。

楚蚡冒和楚武王都是野心勃勃的开疆拓土之君，斗伯比在这两个侄子在位期间，积极出谋划策，随军出征，立下汗马功劳。

公元前704年，楚武王在向周天子请求尊封名号未果后，悍然自称王号，成为楚国第一个国王，也开了诸侯僭号称王的先河。

其后，楚武王先后击败随国、邓国、郧国、绞国等邻国的军队，并与贰、轸两国订立盟约，成为汉东霸主。

在此期间，斗伯比居功至伟，被提升为楚国令尹，成为楚武王身边的国政决策大臣之一。

子文也在父亲斗伯比的步步升迁中长大，身为四朝元老之子，他也顺理成章地步入楚国政坛，跟着父亲历练。

斗伯比之后，若敖氏族人斗祁担任令尹，斗廉、斗章等人也长期担任军政要职，家族势力继续壮大，子文也有了一定的地位。

公元前690年，在位五十一年的楚武王于征讨随国途中去世，他的儿子熊赀继位，是为楚文王。

楚文王熊赀是一位锋芒毕露的君王，他先后率军灭申国、邓国、息国等三国，讨伐蔡国、郑国等诸侯国，深入中原腹地，向正在成为霸主的齐国示威，势力进一步扩大。

公元前 675 年，在位十五年的楚文王在击败黄国（在今河南潢川县）的军队后，班师回朝途中暴病而亡。楚文王死后，他的儿子熊艰继位，史称楚堵敖。

楚堵敖熊艰在位期间，不仅荒废朝政，整天寻欢作乐，还试图杀害自己的弟弟公子恽，公子恽不得不逃到随国（今湖北随州西北）避难。

公元前 672 年，公子恽在得到随国人的支持后，联合随国人袭击并杀死在位仅三年的楚堵敖，夺得国君之位，是为楚成王熊恽。

楚文王、楚堵敖、楚成王父子三代君王在位期间，除了楚文王早期令尹之位由斗祁担任，之后便转入被俘的申国人彭仲爽、楚文王的弟弟公子善手中，若敖氏家族的势力得到一定程度的抑制。

然而，令尹公子善的作死，让若敖氏家族成员逮到了翻身的机会。

公子善，字子元，他仗着是楚文王的弟弟，在侄子楚成王统治前期大权独揽，而且还冒犯楚文王的夫人息妫，甚至擅自住进了王宫。

子元的嚣张气焰，令楚成王君臣极度不满，尤其是忠于楚王室的申公斗班、子文等若敖氏家族成员，更是积极谋划除掉他。

公元前664年，子元在上朝途中，被斗班设计袭杀。

随后，楚成王命子文继任令尹，斗班、斗勃、成得臣等若敖氏家族成员均担任要职。

子文当上令尹，终于算是延续了传奇，接下来，还有更多的使命等着他。

第三节　令尹子文的财富观

斗谷於菟为令尹，自毁其家以纾楚国之难。

——《左传·庄公三十年》

民多旷者，而我取富焉，是勤民以自封也，死无日矣。我逃死，非逃富也。

——《国语·楚语》

子文站在楚国大殿的最前列，他已经成为一人之下万人之上的令尹，但内心却没有办法平静。

前任令尹子元虽然被杀，但他经营多年，早就培植了一批党羽，这些人还在朝堂为官，对子文的各项命令并不认同，甚至还在暗地里策划反扑。

更棘手的是，子元一向嚣张跋扈，为非作歹，楚国国力被消耗殆尽，留下了一堆烂摊子。

子文没有犹豫，他一方面借助楚成王的信任，以若敖氏家族成员为核心，将子元党羽杀的杀、流放的流放，排除了政坛隐患。

另一方面，为了帮助楚国渡过难关，子文带头将自己的所有家产全部捐献出来，在他的榜样作用下，朝野上下有钱的捐钱，没钱的出力，不仅解决了楚国的危局，重新凝聚起来的人心，还为楚国再次崛起和日后的中原称霸，打下了基础。

《左传·庄公三十年》中，对子文这次慷慨解国难的经历，有明确记载："斗谷於菟为令尹，自毁其家以纾楚国之难。"

这也给后世留下一个慷慨激昂的成语：毁家纾难，用来指代像子文这种舍财为国之人，后世还有西晋乐陵郡武公、司徒石苞，明朝兵部尚书、太子太保袁可立等人也得此美誉。

子文巩固令尹之位后，他的作为更是让人汗颜。

在《国语·楚语》中，有这么一段形象的描述：

昔斗子文三舍令尹，无一日之积，恤民之故也。成王闻子文之朝不及夕也，于是乎每朝设脯一束，糗一筐，以羞子文，至于今秩之。成王每出子文之禄，必逃，王止而后复。

作为高高在上的楚国令尹，子文竟然因为爱惜民力，一直没有维持日常基本生活的积蓄。

听说自己手下的第一大臣子文都穷得揭不开锅了，楚成王立即采取行动，具体办法也是非常实在，就是楚成王每次朝见百官时，预备一束干肉、一筐干粮，用来送给子文。子文对吃的自然来者不拒，毕竟，家里好几口人都等着吃饭呢。

谁都能看得出来，这样的临时接济必定不是长久之计，楚成王也想切切实实地提高子文的生活水平，解决他的后顾之忧。

然而，每当楚成王想要增加子文的俸禄时，子文不仅拒绝接受，还会躲起来，直到楚成王收回增加俸禄的命令，才继续返回履行职务。

子文身居高位，做到如此坚持，靠的是什么呢？不只是我们想不明白，和他同一时期的人也有疑问。

同样还是在《国语·楚语》中，针对"人生与财富"的千古难题，子文留下了一段经典对白：

人谓子文曰："人生求富，而子逃之，何也？"

对曰："夫从政者，以庇民也。民多旷者，而我取富焉，是勤民以自封也，死无日矣。我逃死，非逃富也。"

子文的回答，算是抓住了为官之精髓：别人奋斗一辈子，就是为了富贵，但我怕的就是富贵。为什么？因为我选择了从政，作为父母官，我的第一职责是庇护老百姓，让他们过得平安幸福。如果在我任上，很多老百姓饥寒交迫，而我还获得了巨额财富，这就是以牺牲老百姓的利益，攫取的不义之财啊，这么干的话，我离死亡也就不远了。所以，有人认为我是不爱财，其实我是在逃避死亡，并不是逃避富贵啊！

当然，子文对楚国的贡献，可不只是树了个清官的标杆，他的文韬武略，运筹帷幄，直接影响了楚国北进中原的步伐，这才是他真正大显身手的地方。

第四节　令尹子文助楚成王争霸

楚斗谷於菟灭弦，弦子奔黄。

楚成王北伐宋，败之泓，射伤宋襄公，襄公遂病创死。

——《史记·楚世家》

子文担任令尹时，正值齐桓公姜小白在中原称霸，楚成王也是一个矢志进取的君主，两人君臣齐心，决定挑战齐国的权威，打开楚国进军中原的大门。

齐国位于东海之滨，楚国则在长江之南，地处中原腹地的郑国，就成了两国争夺的焦点。

从公元前659年到公元前657年，子文辅佐楚成王连续三年攻打郑国，郑国招架不住，只能向齐国求助，齐桓公为此公开谴责楚国，齐、楚两国关系非常紧张。

公元前656年春，齐桓公为了遏制楚国北进，亲率齐、鲁、宋、陈、卫、郑、许、曹八国联军，南下先伐蔡国，破蔡后又伐楚。

楚成王听说八国联军兵强马壮，声势浩大，心中有些害怕，急召子文商量对策。

子文来到王宫后，楚成王紧紧地拽着他的袖子，颤声说道："八国大军压境，齐桓公放言必要惩罚我国，目下危局，如之奈何，如之奈何？"

子文却是毫不惧怕，他先安抚楚成王坐回王位上，拜上一拜，然后朗声说道："以臣之见，彼等看似汹汹，实则没有多少可怕之处。其一，齐桓公纠集八国之众，千里迢迢来到我国，早已兵疲马倦，粮草更是问题；其二，八国联军内部各怀心事，并非铁板一块，时间一长互相之间就会有怨言，军队也会开始涣散；其三，我国上下一心，军队久经战火淬炼，根本不必担心来犯之敌，臣也有不战屈人之兵的计策。"

楚成王大喜，一扫之前的颓废，和子文一起沉着应战。

同年夏，楚成王在子文的建议下，派遣屈完带兵到八国联军的驻地。

临行前，子文对屈完说："此番任务重大，我料定齐桓公必会逞军威之盛，尽胁迫之能，可不管怎样，一定保持不卑不亢，不辱君命！"

屈完起身答道："令尹大人放心，我会圆满完成任务。"

当时，八国联军驻扎在召陵（今河南郾城东），屈完来了之后，齐桓公命令所有军队列成战阵，然后和屈完坐一辆战车检阅。

看着威风凛凛的将士，齐桓公不无自豪地对屈完说："用这样一支强大的军队来作战，哪个国家能够抵御他们？用这样一支强大的军队来攻城，哪个城池又能不被攻破呢？"

屈完走下战车，正对着齐桓公大声说道："我听说君王以德服人，其他诸侯都会呼应他；但如果想靠武力取胜，我们楚国有方城山作为城墙，汉水作为护城河，即使君王您的军队再多，也奈何不了楚国。"

齐桓公发怒说："我八国联军一起进发，方城山会被踏平，汉水也会因之断流，你难道不怕吗?!"

屈完手按长剑，向前走了两步，压低声音对齐桓公说道："现在我离君王你只有五步的距离，我的长剑就在手边，随时可以出鞘，而你的护卫都在二十步开外，你觉得是我的剑快还是你的军队强呢？"

齐桓公不再说话，他突然意识到，自己目前的危险处境，就和这表面强大的八国联军一样，其实内部已经有很大的分歧，而且粮草严重不足，也影响了士气，真要打仗还真不好定胜负。

想到这里，齐桓公打了一个冷战，于是他带领其他七国诸侯，与屈完订立盟约，然后带领八国联军回国了。

公元前 655 年，齐桓公得知周惠王有意废掉太子姬郑，改立次子姬带为太子，便传令宋、鲁、郑、卫、许、陈、曹七国国君在首止（今河南睢县东）共同拜会太子姬郑，表示拥戴太子姬郑，借此机会向周惠王表明诸侯拥戴太子姬郑，以巩固姬郑的太子地位。

周惠王对此非常不满，但又不敢直接针对齐国，于是派周公姬宰去首止，私自会见郑文公，挑拨郑国和齐国关系，要郑文公离开首止，背离齐国，和楚国结盟，帮助次子姬带继承周王位，并许诺事成之后，加封郑文公为王室卿士。

郑文公认为跟随齐国不如顺从周王，而且急于得到王室卿士的职务，便托言郑国内部有大事，私自返回郑国，又派大夫申侯暗通楚国，准备投靠楚国。

子文见过郑国大夫申侯后，认为可以趁着郑国和齐国不和的机会，对同样位于中原地区的弦国（今河南息县、潢川间）下手。

当时，江、黄、道、柏等四国和齐国走得很近，弦国和这些国家都互相通婚，因此，弦国国君有恃无恐，根本不把楚国放在眼里，也没有设防。

楚成王起初有些疑虑，担心齐国可能会出兵干涉，但子文认为齐、郑有隙，出兵可能性不大。于是，早就想吞并弦国的楚成王，派出大军一举攻灭弦国，弦国国君仓皇逃亡到黄国。

和子文预测的一样，齐桓公得知郑国私下投靠楚国后，没有派兵救援弦国。

公元前654年，齐桓公率领齐、鲁、宋、陈、卫、曹等国军队讨伐郑国，包围郑国的新城（今河南新密东南），以惩罚郑国离开首止，而与楚国亲近。

郑国抵挡不住，赶忙派出使者向楚国求援。

子文建议楚成王亲自出兵，攻打齐国的盟国许国（今河南许昌）以救援郑国。齐桓公听说楚兵伐许，便转移伐郑的兵马去救许国，郑国得以解围。

楚成王撤军后，留在武城（今河南南阳北）观望，不久，许国国君许僖公因畏惧楚军，在蔡国国君蔡穆侯的带领下，前往武城去向楚成王请罪，楚成王给了他很高的礼遇，命令他安心回到许国。

接下来的几年，子文和楚成王并没有直接与齐国正面交锋，而是先后消灭黄国（今河南潢川西北）、英国（今安徽金寨东南）等齐国盟国，发展自身的实力。

齐国则随着齐桓公的年老体衰，再加上公元前645年齐国名臣管仲的去世，更加陷入颓势。

公元前643年，齐桓公在内乱中凄然去世，几个儿子因争位互相攻击，齐国国力不稳，丧失了对外争霸的能力。

至此，在楚成王与齐桓公历时十多年的争霸中，楚国取得了辉煌的成果，子文审时度势，既不卑躬屈膝，也不锋芒毕露，而是稳扎稳打，步步为营，成了关键因素。

公元前638年，楚成王和子文率军北上讨伐宋国，在泓水边打败宋军，射伤意欲称霸的宋襄公，宋襄公因此受伤而死，楚国军威大振，楚国自此称雄中原。

子文为楚国势力挺进中原、参与争霸立下不世功勋，他的声望达到了巅峰，而他的亲族也深深地受到了他的影响。

第五节　令尹子文的家族观

执一国之柄，而以私闻，与吾生不以义，不若吾死也。

——《说苑》

子文以为之功，使（弟弟成得臣）为令尹。

——《左传·僖公二十三年》

子文身居楚国令尹之位多年，不仅为官廉洁，积极治理朝政，还辅佐楚成王熊恽斗赢齐桓公，北上中原称雄，深得朝野上下的爱戴。

虽然子文所在的若敖氏家族人才济济，很多人都是楚国的栋梁之材，但也有那么几个若敖氏族人，不思进取，企图利用令尹子文的超然地位，扯虎皮拉大旗，坐享其成。

子文的一个远房堂弟斗夷，就是其中非常典型的一位。

斗夷从小不喜欢读书，每天就是掏鸟蛋玩蝈蝈，结果长大后一无所长，又不肯踏踏实实地做事，成了一个游手好闲之徒。

不过，就这样斗夷还是横行乡里，为何？他的口头禅就是："我哥是当今令尹子文，楚王身边第一红人，你们最好……"大家一听子文的名号，就没人敢惹他了，斗夷便有恃无恐地在外边胡作非为。

　　有一天，斗夷在集市上看中一件东西，爱不释手。店家本以为有买卖可做，就极力向他推荐。

　　斗夷越看越喜欢，最后竟然直接拿起来就走，店家追着问他要钱时，他不耐烦地挥挥手，指使手下把店家打倒在地。

　　店家被打得鼻青脸肿，东西也都被砸了，就报了官。很快，斗夷被当时负责司法的廷理抓了起来。

　　廷理听了店家的泣血陈述，也是一脸愤怒，认为斗夷胆大包天，一定要依法严惩。

　　可到了审问斗夷的时候，斗夷不但不服罪，反而十分嚣张，他大声吼道："我哥是当今令尹子文，楚王身边第一红人，你们最好立即把我放了！再说，这个无良商家欺负我，我还没算账，你们把我抓起来算怎么回事？"

　　廷理一听这斗夷竟是令尹子文的堂弟，吓出了一身冷汗，暗自庆幸自己发现得及时，否则，一旦对斗夷用了刑，万一子文以后怪罪下来，自己的乌纱帽肯定难保了！

随后，廷理亲自走下大堂，为斗夷松绑，还连连道歉："误会，误会，让公子受惊了！"斗夷也不客气，边揉胳膊边斜眼看着廷理，廷理只得转身吩咐手下设宴，哄得斗夷酒足饭饱之后，才送他回了家。

廷理送走斗夷之后，觉得这是个邀功请赏的好机会，便整理衣冠前往令尹府，幻想着搭上子文这个楚成王身边的大红人，不日加官晋爵，飞黄腾达。

见到子文后，廷理将他放走斗夷的前因后果进行了详细汇报。子文对斗夷平日的恶行已有所耳闻，听到廷理竟然徇私枉法，还扬扬得意地等着奖赏，不禁怒火中烧："斗夷人在哪里？赶紧给我把他抓回来！"

廷理万万没有想到子文会是这么个反应，他呆站在一边，半天也没憋出一句话来。

见此情形，子文语重心长地说道："凡立廷理者将以司犯王令而察触国法也。夫直士持法，柔而不挠；刚而不折。今弃法

而背令而释犯法者, 是为理不端, 怀心不公也。岂吾营私之意

也, 何廷理之驳于法也! 吾在上位以率士民, 士民或怨, 而吾

不能免之于法。今吾族犯法甚明, 而使廷理因缘吾心而释之,

是吾不公之心, 明着于国也。执一国之柄而以私闻, 与吾生不

以义, 不若吾死也。"

　　子文话说得很透彻, 也非常坦诚: 我们楚国设立廷理, 就

是要公正执法, 不放过一个坏人, 也不能冤枉一个好人。你现

在听说斗夷是我的堂弟, 就违背法律把他放走了, 这不是让人

怀疑我结党营私吗? 我身为令尹, 是要给全国官员和百姓做表

率的, 如果他们对我有怨言, 我也不能幸免。现在这件事情一

旦传出去, 人们就会认为我有私心, 与其让我活着没有道义,

还不如让我死了算了!

　　廷理脸上一阵红一阵白, 半天才挤出一句话: "大人说的

是, 不过这次能不能网开一面, 毕竟已经放人了……"

　　"不行, 马上把他抓回来, 按法令处置!"子文没等廷理说

完, 就打断了他, 同时命令左右把正自鸣得意的斗夷抓到令尹

府里, 当面交给廷理。

斗夷知道出了大事，暗自派人把老母亲叫了过来，母子俩一起跪在子文面前求情，但子文没有理会，还是要求廷理把斗夷押走。

子文还对廷理说："不是刑也，吾将死！"

廷理吓得够呛，不处理斗夷，令尹大人都不想活了，那还了得！于是，立即按照楚律将斗夷收押。

楚成王听说了这件事后，连鞋都来不及穿就去了子文府上，向他赔不是："寡人幼少，置理失其人，以违夫子之意。"

楚成王认为，这是自己安排错了人，结果让子文受了委屈。因此将廷理免职，同时提高子文的地位，让他管理内政。

楚国老百姓听说这件事情之后，都奔走呼号："若令尹之公也，吾党何忧乎？"

是啊，有这么一个坚持公正的主要领导，老百姓肯定踏实啊。

这样，子文又得了一个不徇私情的美名，成为所有人敬重和学习的目标。

不过，子文晚年决心要做的一件事，让楚人对他的认识又复杂起来了。

公元前 637 年，已经担任令尹二十七年的子文，越来越觉得岁月催人老，对楚国还在进行的中原争霸，他感到力不从心。

于是，在一次朝会上，子文第三次主动向楚成王提出辞职，并力推武将成得臣继任令尹。

楚成王还是竭力挽留子文，但子文这次没有松口，铁了心要退休。

群臣的焦点，则集中在子文推荐的人选上，若敖氏家族的死对头大夫劳吕臣，更是立即跳出来反对，怒吼道："你到底把楚国当成什么呢？这是国家大政，不是你们若敖氏家族的私事！（子若国何？）"

那么，这位子文推荐的令尹候选人成得臣，究竟是何许人也呢？

从表面上看，子文和成得臣似乎没什么关系，但实际上，他们俩是如假包换的亲兄弟！

原来，子文和成得臣都是斗伯比的儿子，子文跟了父亲还是斗氏，成得臣则以父亲的字为氏，分出了成氏这一支系。

不过，成得臣的字叫子玉，这倒是和子文一个系列，一看就像了。

那么，子文这次真的是晚节不保，任人唯亲吗？

当然不是。

面对质疑，子文的回复很硬气："吾以靖国也。夫有大功而无贵仕，其人能靖者与有几？"

子文认为自己的理由很充分：成得臣从小跟随父兄两代令尹，久经历练，是楚国不可多得的战将。而就在这一年，成得臣在攻郡之战中，领兵讨伐陈国，占领了焦、夷两地，在顿地筑城后才收兵回国。子文认为弟弟成得臣有大功却不居高位，是楚国能够安定的难得人才。

此言一出，很多人都闭嘴了，楚成王鉴于子文父子多年积累的巨大威望，以及若敖氏家族的强大实力，最终任命子玉为令尹。

就此，若敖氏家族迎来了后子文时代，子玉作为有争议的令尹继承人，也不得不承受朝野的压力。

第六节　令尹子玉的尴尬

秋，楚成得臣、斗宜申帅师灭夔，以夔子归。

——《左传·僖公二十六年》

子玉使伯棼请战，曰："非敢必有功也，愿以间执谗慝之口。"王怒，少与之师……

——《左传·僖公二十八年》

在哥哥子文的力挺下，子玉如愿被楚成王任命为令尹，成为若敖氏家族的第三位令尹。

但子玉在朝堂上并不自在，甚至有些煎熬，因为朝野上下常常把他和子文作对比，认为他不如乃父乃兄，而以芳吕臣为首的芳氏家族，更是经常给他挑刺，背后还隐隐得到了楚成王熊恽的支持。

子玉想不明白："我南征北战这么多年，楚国有几个人能与我比？更何况，我还有楚国政坛最显赫的政治世家若敖氏家族支持，为什么他们总要针对我呢？"

其实，子玉是当局者迷，局外人可是一目了然：子玉之所以成为众矢之的，就在于他所依靠的若敖氏家族，经过斗伯比、子文两代令尹后，门生故吏遍布楚国，势力已经强大到足以威胁王权！

子玉作为最大的获益人，当然不会想到这一层，他想要做的就是，必须尽快发动新的战争，用更多的战功来堵住悠悠众口。

公元前 634 年，机会终于来了。

当时，由于巴、蜀等国经常偷偷袭击楚国，夔国是他们进军的必经之地。楚成王为了消除后患，决定灭掉夔国，子玉极力赞成，并做了充分的军事动员。

不过，夔国是楚国的兄弟国家，它的开国国君是楚国第六任君主熊渠的次子熊挚。由于夔国的土著居民是巴人，所以后世的夔国国君已经巴化，对楚国并没有多少感情。

子玉就抓住这一点，派了一位强硬的使者，厉声指责夔国国君夔子，说他们不按时祭祀祝融与鬻熊，就是大不敬。

祝融与鬻熊是楚国国君的先祖，同样也是夔国国君的先祖，但夔子早已入乡随俗，不做祭祀了，并且还振振有词地回应楚国使者：

"我先王熊挚有疾，鬼神弗赦而自窜于夔。吾是以失楚，又何祀焉？"

应该说，夔子对楚国是有埋怨的，当年他们的开国国君熊挚由于身体残疾，被迫将楚国国君之位让给了弟弟熊延，自己来到偏僻狭小的夔国，一代代流传下来，对楚国的怨恨恐怕更多一些，怎么可能还会祭祀楚国国君的先祖？

子玉和楚成王要的就是这个结果，这一年的秋天，子玉领兵攻夔，夔军无力抵抗，很快溃不成军，夔子被押解到楚国首都郢都，夔国从此不复存在。

夔国灭亡后，子玉并没有停下征伐的脚步，而是决定引兵东征，去惩罚齐国和宋国，理由则是由之前备受齐国打压的鲁国，派大夫臧文仲到楚国求援时提供，说齐国和宋国不肯尊事楚国。

这当然只是子玉对外征伐的一个借口，但齐国和宋国对楚国不满，也是事实。

我们先来说说宋国。宋襄公子兹甫曾经图谋称霸，结果先是被楚成王囚禁了大半年，接着又在泓水之战被楚军杀得大败，最后伤重去世。

宋襄公死后，他的儿子公子王臣继位，出于对楚国的仇恨，他选择背叛楚国依附晋国，意在以晋制楚。

同年冬，子玉率军伐宋，很快把宋国缗邑（今山东金乡县）包围了起来，直逼宋都商丘。

宋成公吓坏了，一方面紧急派使者向晋国求援；另一方面则召集宗亲勋贵，盘算着要迁都，避开楚军的凌厉攻势。

子玉微微一笑，在晋国援军到来之前，主动解围，离开宋国，移师伐齐。因为，他这次出征的主要目标是刚刚缓过一口气的齐国，宋国只要让他们明白楚军随时可以攻进商丘就可以了。

既然说到了齐国，那齐国和楚国又结了什么梁子呢？

众所周知，齐桓公姜小白在名相管仲的辅佐下，打着"尊王攘夷"的旗号成为中原第一个霸主，也是春秋五霸之首。

可到了晚年，尤其是管仲重病去世后，齐桓公开始重用易牙、开方、竖刁等奸邪小人，只顾享乐，国政一片混乱。

公元前 643 年，齐桓公突发重病，他的儿子公子无亏、公子昭等人却急着争位，齐国一片混乱。

同年十月七日，齐桓公一个人凄然离世，他的儿子们仍在互相攻战，没有人管死去的老父亲。

直到十二月十四日，公子无亏在易牙、竖刁等人的支持下登上君位，才把已经去世六十七天的齐桓公收殓。

不久，齐桓公生前册立的太子公子昭出逃至宋国，请求宋襄公主持公道。宋襄公很快率领卫国、曹国和邾国等四国人马攻打齐国。

易牙、竖刁等人作恶多年，齐国人恨得牙痒痒，看到宋襄公带着公子昭打了回来，于是里外应合，公子无亏在位仅三个月就被害，公子昭如愿继位，史称齐孝公。

齐孝公姜昭一上位，公子雍等七位兄弟就都逃到了楚国，楚国把他们都封为上大夫，成为对齐国施压的一个政治筹码。

齐孝公本来面对的就是一片疮痍，积极图谋争霸的楚国又扶持着他的七个竞争对手，怎能不让他戒备和防范呢？

子玉这次伐齐，就带着最有希望取代齐孝公的公子雍，他是齐桓公和宠姬宋华子所生的儿子。

齐军根本就不是楚军的对手，子玉一路势如破竹，攻城略地。不过，在攻克齐国的谷邑（今山东东阿县）后，子玉就把公子雍安置在那里，留着申公叔侯驻守，自己则班师回朝了。

子玉深知，齐国虽然衰落，但瘦死的骆驼比马大，楚国还没有完全吃下它的实力，但留着一个依附楚国的势力在齐国境内，由一支楚国军队护卫，对齐国也是一种威胁。

果然，齐国人在楚军撤退后斗志全无，也不敢对盘踞在谷邑的公子雍和保护他的楚国军队发起进攻。

公元前 633 年冬，楚成王命子玉率领楚、陈、蔡、郑、许五国联军，准备再次出兵伐宋。

楚成王先派前任令尹子文在睽地阅兵，子文只用了一个早晨就结束，没有惩罚一个士卒。

楚成王又派令尹子玉在蒍地阅兵，子玉用了一整天才勉强结束，其间还用鞭子责打了七个士卒，用长箭刺穿了三个士卒的耳朵。

很多老臣都向子文道贺，说他举荐子玉为令尹，是知人善任，子文也很高兴，向各位老臣和子玉敬酒。

可芃贾虽然资历较浅，却拖了很久才到宴会，不仅没有对子文兄弟表示祝贺，反而一直冷漠相对。

子文觉得很奇怪，就问："你为何不高兴？马上令尹子玉率军攻宋，大家都在庆贺了啊！"

芃贾也没有给子文兄弟面子，直接说了这么一通："不知所贺。子之传政于子玉，曰：'以靖国也。'靖诸内而败诸外，所获几何？子玉之败，子之举也。举以败国，将何贺焉？子玉刚而无礼，不可以治民。过三百乘，其不能以入矣。苟入而贺，何后之有？"

芃贾的话确实够狠，他认为子玉为人刚愎自用，治下又过于苛求枝节而忽略根本，并不适合率领三百辆以上的兵车打仗，一旦打仗失败，就是子文之前的推举有问题，并不值得道贺。

子文兄弟一听脸都绿了，子玉甚至都想直接揍这个初出茅庐的芃氏家族子弟，但被子文拖住，以酒喝多了为由带回房间休息。

子玉越想越气，决定打一场硬仗来证明自己。

不久，子玉率领楚、陈、蔡、郑、许五国联军再次包围宋国，宋国危在旦夕。

宋成公再次派出使者向晋国紧急求援，此时在位的晋国国君晋文公姬重耳，由于在流亡期间得到宋成公的父亲宋襄公的善待，决定出兵援宋。

晋文公首先出兵势力较小的曹国、卫国，因为这两个国家既是楚国的盟国，还曾羞辱过流亡期间的晋文公。

但让晋文公君臣没想到的是，直到他们先后灭掉曹、卫两国，楚军也没有停止围攻宋国，因为子玉就是要灭掉宋国。

这样，晋国想要侧面为宋国解围的计划失败。

此时，晋文公面临为了宋国是否直接与楚国开战的抉择，但楚成王对他也有恩，而且楚国的实力很强大，远非晋国所能打败的。

于是，晋文公设计使得秦、齐两国与楚国结怨，转而同晋国一起打楚国。

楚成王得知晋、秦、齐三国联合援宋后，决定从宋国撤军，命令子玉立刻领兵回国。

但子玉却坚持请战，他派自己的侄子大夫斗越椒对楚成王说："非敢必有功也，愿以间执谗慝之口。"

子玉这句请战托词显得有些意气用事："大王啊，臣这次跟晋、秦、齐、宋四国联军作战，不敢说一定能建功立业，只是想借此堵住污蔑臣的奸邪小人之口。"

子玉心里还是放不下，明明自己为楚国做了那么多，并不比前面几任令尹差多少，可大夫芳吕臣、芳贾等人却还是经常攻击他，楚成王也不是特别向着自己。子玉坚持要用这场战争来证明自己的实力。

然而，楚成王愤怒了，但他也没有再坚持要子玉撤军，而是大幅度削减拨给子玉的军队。

公元前632年春，子玉继续率领少量楚国军队、若敖氏家族的部众和陈、蔡、郑、许四国的附庸军队，与晋、秦、齐、宋四国联军战于城濮（今山东鄄城临濮集）。

子玉战前豪言，要让晋国军队从此消失，可晋文公却巧妙运用"退避三舍"，逐个击破楚国的右军、左军，这种情况下，子玉亲自指挥的中军为避免被包围，也只好退出了战场，楚军溃败。

"城濮之战"不仅没有达到子玉的期望，反而让晋文公一战成名，成为春秋五霸中第二位霸主。

尽管楚军并没有元气大伤，但在回师楚国的路上，子玉遭到楚成王使者的责问，最终因畏惧楚成王的惩罚，而在连谷自杀身亡。

子玉自杀后，楚成王想再次起用年老的子文，但子文得知弟弟子玉兵败身亡后，急火攻心吐血不止，而重病卧床。

子文的身体条件不允许，但令尹之位也不能空悬，楚成王索性顺水推舟，任命若敖氏家族的对头、司马蒍吕臣继任令尹。

楚成王的意图很明确，就是想以蒍吕臣为代表的蒍氏家族，来分若敖氏家族的滔天权势。

子玉没了，子文病重，两大支柱垮了，若敖氏家族迎来了第一次危机。

第七节　子文临终前的忧虑

（子文）及将死，聚其族，曰："椒也知政，乃速行矣，无及于难。"

——《左传·宣公四年》

子张问曰："令尹子文三仕为令尹，无喜色，三已之无愠色，旧令尹之政必以告新令尹，何如？"子曰："忠矣。"

——《论语·公冶长第五》

弟弟子玉死了，令尹之位又被死对头劳吕臣占去，子文念及若敖氏家族的前途，更是老泪纵横，身体状况越发不堪。

不过，此时的子文，最担心的却是另外一件事情。

子文把全部族人聚集到一起，说出了自己的临终遗嘱："椒也知政，乃速行矣，无及于难。"

这里的"椒"，就是之前在"城濮之战"前替子玉请战的楚国大夫斗越椒，也是子文的侄子，可子文却说，斗越椒一旦掌握大权，若敖氏族人就快点逃命吧，否则就会有祸难降临。

子文为什么对侄子斗越椒有如此大的成见呢？

这还得从他和斗越椒的第一次见面说起。

当年，楚国司马子良生了儿子斗越椒，子文专门从繁重的朝政中抽身出来，前去给弟弟子良道喜，探望自己的侄子斗越椒。

这一见不要紧，直接把向来爱民如子的子文吓出了一身冷汗，惊魂未定的他出了房门，立即把子良叫到一边，严肃地对他说："必杀之。是子也，熊虎之状，而豺狼之声，弗杀，必灭若敖氏矣。谚曰：'狼子野心'，是乃狼也，其可畜乎？"

一个"杀"，一个"狼子野心"，想必大家也能看出这其中的杀机。子文认为刚出生的斗越椒身形像熊虎，声音似豺狼，是若敖氏家族的祸害，必须狠心把他杀了，不然会导致若敖氏家族的败亡。

子良感觉哥哥子文有点莫名其妙，坚决不同意他的意见，子文只好悻悻而去。

见弟弟子良没有当回事，侄子斗越椒又一天天长大，子文整日忧心忡忡，寝食难安。

于是，等到子文病入膏肓之际，他把对侄子斗越椒的担忧再次提了出来，而且还哭着说了一句更加凄惨的话："鬼犹求食，若敖氏之鬼，不其馁而？"

这简直就是对族人的最大警告：如果你们不重视的话，到时候若敖氏的鬼都要挨饿了！

子文的儿子斗般和斗克黄认真地点了点头，但他们并没有把父亲的话太当回事，其他族人就更是敷衍了，子文摇了摇头，带着满腔遗憾去世了。

子文走了，但他的传奇经历，以及为楚国的强大做出的卓越贡献，却让所有人铭记。

在《论语·公冶长第五》中，有一段孔子对子文治政的评论：

> 子张问曰："令尹子文三仕为令尹，无喜色，三已之无愠色，旧令尹之政必以告新令尹，何如？"
>
> 子曰："忠矣。"

在这段对话中，孔子的弟子子张通过子文三次出任楚国令尹，不喜不悲，坚持做好交接班工作，问孔子的看法。孔子大发感慨："这是国家的忠臣啊。"

公元前 631 年，被楚成王熊恽寄予厚望的芴吕臣去世，此时距离他上任令尹仅一年。

令尹之位出现空缺，若敖氏家族再次卷土重来。

第八节　无法约束的若敖氏专权

太子商臣谮子上曰："受晋赂而辟之，楚之耻也，罪莫大焉。"王杀子上。

——《左传·僖公三十三年》

八月，二子以楚子出，将如商密。庐戢梨及叔麇诱之，遂杀斗克及公子燮。

——《左传·文公十四年》

当初，楚成王任命芳吕臣接任令尹，是打着向若敖氏家族争权的如意算盘，奈何若敖氏家族的势力太大，芳吕臣根本控制不了，不仅政令不出朝廷，反而遭到手握重权的斗勃、成大心、斗般等若敖氏族人一致反感，做事处处受限，最终抑郁成疾，撒手人寰。

芳吕臣死后，楚成王不得不任命若敖氏家族成员斗勃担任令尹，令尹之位再次回到若敖氏家族手中。

斗勃的字是子上，后世也经常用"子上"来指代他。

当时，楚成王觉得自己年纪大了，想把长子熊商臣立为太子，并私下询问令尹子上的意见。

子上沉吟良久，说了这么一段话："君之齿未也，而又多内宠，绌乃乱也。楚国之举常在少者。且商臣蜂目而豺声，忍人也，不可立也。"

子上的结论就是"不可立"，而且还给出了三大理由：

一、楚成王的年纪不算大，而且有很多宠爱的妻妾，如果将来要废黜商臣，另立其他王子为太子，肯定会出祸乱。

二、按照楚国立太子的传统，常常选择的是年轻王子，商臣是长子。

三、商臣这个人的眼睛像胡蜂，声音似豺狼，一看就是非常残忍的人，肯定不能立为太子。

然而，楚成王没有听从子上的建言，还是将商臣立为太子。

商臣后来知道这件事后，对子上很有意见，记恨在心。

城濮之战后，不少中原小国倒向晋国，子上决定给它们一点教训，就率楚军伐陈国（今河南淮阳）、蔡国（今河南上蔡）。陈国、蔡国抵挡不住，只能再次与楚国媾和。随后，子上又移师攻打郑国（今河南新郑一带）。

公元前627年，晋国因蔡国又倒向楚国，非常不满，便派大夫阳处父率军伐蔡，子上立即率兵救蔡，结果却在不战不和之间，中了阳处父的反间计，太子商臣将阳处父编造的"子上接受了晋国贿赂才退兵"的假消息告诉楚成王，楚成王一怒之下杀掉了子上。

公元前626年，在位四十五年的楚成王一时头脑发热，想废黜商臣，改立王子职为太子。商臣听到消息后，在他的老师潘崇的教唆下，率领宫中警卫发动政变，逼楚成王自杀。

楚成王竟然请求儿子，想吃了熊掌以后再死，企图拖延时间等待外援。商臣没有答应，楚成王只得无奈自杀。

楚成王死后，太子商臣即位，是为楚穆王。

楚穆王随后任命成大心为令尹，而成大心正是前任令尹子玉的儿子，若敖氏家族的重要成员。他的上台，意味着若敖氏家族再次执掌楚国朝政。

楚穆王熊商臣篡位后，心心念念的还是开疆拓土，称霸中原，令尹成大心也继承了父亲子玉的遗志，积极出征建功。

公元前 622 年，楚穆王因六国（今安徽六安北）背叛楚国亲近东夷，派成大心率军灭亡六国。

公元前 616 年，楚穆王因麇国国君在厥貉之会时中途逃走回国，兴兵攻打麇国（今湖北西北部），成大心率军在防渚（今湖北房县）打败麇军。

公元前 617 年，楚国大夫斗宜申与仲归等人策划杀死楚穆王，为楚成王熊恽报仇。

楚穆王得知消息后，于同年五月诛杀斗宜申和仲归等人。虽然斗宜申是若敖氏家族成员，但这次谋逆并没有牵连到若敖氏家族其他成员。

公元前 615 年，成大心去世，楚穆王任命他的弟弟成嘉担任令尹，若敖氏家族势力得到巩固，权倾朝野。

同年夏天，楚穆王因舒国、宗国、巢国等群舒（偃姓，散居今安徽巢湖西南）背叛楚国，派成嘉率军前去镇压，俘虏舒国（今安徽庐江西）及宗国（约今庐江西北）国君，进而攻打巢国（今安徽六安东北），使楚国势力进一步向江淮地区（今安徽中西部）发展。

公元前 614 年，在位十二年的楚穆王去世，他的儿子熊侣即位，是为楚庄王。

由于当时楚庄王熊侣还不满 20 岁，令尹成嘉独掌朝纲。

公元前 613 年，为了彻底消灭叛乱势力，成嘉率军再次出征，派公子燮与申公斗克镇守国都。

可谁知，成嘉大军在前线浴血奋战之际，斗克等人却宣布郢都戒严，公然发动叛乱，派人行刺成嘉，但没有成功。

成嘉迅速回师围攻郢都，斗克等人渐渐不支，挟持楚庄王从郢都突围，准备外逃，途经庐地的时候，斗克等人被庐大夫戢梁诱杀，楚庄王获救，重返郢都。

这就是楚国史上著名的"斗克之乱"，同样也是若敖氏家族成员发动叛乱。成嘉虽然及时平叛，但也受到了不小的惊吓，很快生病去世。

成嘉死后，楚庄王任命斗般担任令尹，而斗般正是前任令尹子文的儿子，还是若敖氏家族成员！

而若敖氏家族的另一名成员斗越椒，则担任司马，这两堂兄弟主宰着楚国军政大权，但光鲜的背后却是危机四伏。

第九节　若敖氏的末路

（楚庄王）鼓而进之，遂灭若敖氏。

——《左传·宣公四年》

唯子文之后在，至于今处郧，为楚良臣。

——《国语·楚语》

楚庄王把所有朝政都委托给了以斗般为首的若敖氏族人，自己则田猎饮酒，躲在深宫日日笙歌，致使楚国内外危机四伏。

最终，在大夫伍举、苏从等人的多次劝谏下，楚庄王在公元前611年，决定此后远离酒色，亲自处理朝政，留下了"不鸣则已，一鸣惊人"的美谈。

也就在这一年，楚庄王没有知会令尹斗般，独自带人乘坐战车，和前方部队一起攻伐反叛的庸国。楚庄王督战，令楚军上下士气大振，庸国很快不支，宣告灭亡，楚庄王取得亲政以来的第一场胜仗，产生了北上图霸之志。

公元前 608 年，郑国以晋国无信义为由，背叛晋国，主动与楚国结盟。

楚庄王亲率大军攻打与晋国结盟的陈国，接着又攻打宋国。晋国大夫赵盾率军与宋、陈、卫、曹等国军队在棐林会合，一同攻打郑国来援救陈国、宋国。

公元前 607 年春，楚庄王命郑国攻打宋国，间接打击晋国，宋军大败。

同年夏，晋国大夫赵盾联合卫国、陈国军队攻打郑国，为宋国报仇。楚庄王立即命斗越椒领兵援救郑国，赵盾不敢与斗越椒正面交锋，悄然退去。

公元前 606 年春，楚庄王亲领大军北上，以"勤王"的名义攻打陆浑之戎（散居黄河南、熊耳山北之阴地，又称阴地戎），直抵周天子都城洛邑附近，陈兵示威。

周定王姬瑜吓坏了，赶忙派大夫王孙满以"慰劳"为名，打探楚庄王的来意。

楚庄王一见王孙满，就问他九鼎的大小、轻重，这让王孙满大为惊讶。

悦史君当然也很佩服楚庄王的勇气，要知道，这九鼎可是夏朝的老祖宗大禹所铸，象征九州大地，夏、商、周三代都把它奉为传国之宝，是天子权力的标志。楚庄王问九鼎，自己想取周朝而代之的野心昭然若揭。

王孙满也没在怕的，直接回了一句："在德不在鼎。"

可马背上打天下的楚庄王并不信"德"，得意扬扬地说："子无阻九鼎！楚国折钩之喙，足以为九鼎。"

楚庄王的自信，就来自他背后身经百战的楚国将士。面对楚庄王的武力威胁，王孙满深吸了一口气，将"德"的威力上升到了天命的高度："呜呼！君王其忘之乎？昔虞夏之盛，远方皆至，贡金九牧，铸鼎象物，百物而为之备，使民知神奸。桀有乱德，鼎迁於殷，载祀六百。殷纣暴虐，鼎迁于周。德之休明，虽小必重；其奸回昏乱，虽大必轻。昔成王定鼎于郏鄏，卜世三十，卜年七百，天所命也。周德虽衰，天命未改。鼎之轻重，未可问也。"

王孙满显然对上古历史了然于胸，他通过对夏、商两代兴衰起伏的总结，以及周成王姬诵在位时的卜卦传说，告诫楚庄王天命还在周朝，不可轻举妄动。

楚庄王害怕了，他意识到虚弱的周朝或许不堪一击，但还有很多人拥戴，一旦自己动手，就会成为众矢之的，楚国就危险了，便下令退兵了。

公元前 605 年，楚庄王领兵回国时，形势发生了变化。

当时，斗般担任令尹，斗越椒担任司马，这俩堂兄弟主宰着楚国军政大权，蒍贾则为工正。

斗氏、蒍氏一直就不对付，双方经常互相攻击，可斗越椒野心勃勃，他也想早点扳倒堂兄上位，于是和蒍贾联手诬陷斗般，导致斗般被楚庄王杀害。

斗般死后，楚庄王将斗越椒晋升为令尹，蒍贾也被升为司马。

但是，已是"一人之下，万人之上"的斗越椒并没有满足，他知道蒍贾还会继续在楚庄王面前攻击自己，为了避免被杀，他趁楚庄王再次出兵与晋国大夫赵盾交战之际，率领若敖氏族人将蒍贾杀死。

随后，斗越椒干脆铤而走险，驻兵蒸野，公开反叛，谋划着攻杀楚庄王，夺取楚国政权。

楚庄王闻讯大惊，立马回师，但他第一时间想到的不是平叛，而是派出使者，以楚文王熊赀、楚成王熊恽、楚穆王熊商臣等三王的儿子作为人质，争取与斗越椒和谈。但斗越椒已下定决心背水一战，对楚庄王的求和断然拒绝。

为什么楚庄王如此畏惧以斗越椒为首的若敖氏家族势力呢？我们来回顾一下，从楚武王熊通设立令尹这一最高军政职务以来，首任令尹即为若敖氏家族的斗伯比，接下来斗祁、斗縠於菟、成得臣、斗勃、成大心、成嘉、斗般、斗越椒等若敖氏族人，先后出任令尹，一个家族如此长时间高频率地掌权，早已将势力渗透到楚国上下，以致楚庄王根本就不敢把他们怎么样。

但现在斗越椒坚决不同意和谈，楚庄王也只能领兵来到漳澨，全力应对若敖氏叛军。

同年七月，楚庄王率军与若敖氏叛军在皋浒（今湖北襄阳）展开决战，斗越椒亲自上阵，对着楚庄王连射两箭，一箭射在铜钲上，一箭穿过车盖，几乎伤到楚庄王，若敖氏叛军士气大振，楚庄王一方的军队则士气越发低落，开始退却。

狭路相逢勇者胜，千钧一发之际，楚庄王决定置之死地而后生，他立即派人在各个军队方阵中喊话："吾先君文王克息，获三矢焉。伯棼窃其二，尽于是矣。"

这段激将词虽然很简短，却有号召力："我们的先君楚文王当年攻克息国时，曾得到三支神箭，斗越椒偷走了其中的两支，刚才他已经全部用完了，大家不需要再害怕他们了！"

之后，楚庄王更是亲自击鼓，下令反攻若敖氏叛军，楚庄王的军队受到鼓舞，纷纷上阵杀敌，神箭手养由基看准机会，拉弓搭箭，射死了冲锋在前的斗越椒。

斗越椒一死，若敖氏叛军失去了主心骨，登时军阵大乱，树倒猢狲散。楚庄王趁势加紧反扑，若敖氏叛军兵败如山倒，死的死、逃的逃。

楚庄王获胜后，立即对若敖氏族人进行清算，除了斗越椒之子苗贲皇仓皇逃亡晋国，逃过一劫外，其余全部被捕杀。

若敖氏叛乱时，子文的孙子斗克黄担任楚国箴尹，也就是谏官，奉楚庄王之命出使齐国去了，回来经过宋国时，才得到若敖氏家族叛乱失败的消息。

于是，在《左传·宣公四年》中，箴尹斗克黄围绕亡命天涯还是回国受死，有了一段经典的对白：

> 其人曰："不可以入矣。"
>
> 箴尹曰："弃君之命，独谁受之？尹，天也，天可逃乎？"

斗克黄还真无愧于其祖父子文的一个"忠"字，面对周围人劝他逃亡的警告，他想的还是要忠于王命，坚持回国。

就这样，斗克黄带着必死的准备，回到楚国复命，并主动到有司那里请求抓捕下狱。

楚庄王虽然对若敖氏家族多年专权恨得牙痒痒，但想起子文治理楚国的卓越功绩，说出了一席话：

"子文无后，何以劝善？"

楚庄王不愧是一代名王，他觉得如果连子文这样的名臣贤达都被灭族，会让天下人寒心，于是就下令将斗克黄释放了，并且还让他恢复原来的官职，把他的名字改为"生"。

斗生因为其祖父子文的遗泽，而幸运存活延续若敖氏家族的传奇，也同样记载于《国语·楚语》中：

> 故庄王之世，灭若敖氏，唯子文之后在，至于今处郧，为楚良臣。

可见，子文的后代不仅继续繁衍，而且还一直居住在郧地，成为楚国的官宦世家。

第十节　子文后裔的回光返照

> 遂入杀灵王太子禄，立子比为王，公子子皙为令尹，弃
> 疾为司马。
>
> ——《史记·楚世家》

楚庄王熊侣平定若敖氏之乱后，若敖氏家族几乎全员被戮，斗生虽然因祖父子文的卓著功勋侥幸偷生，但后半生一直没能晋身中枢，依然继续在箴尹之类的职务上。

楚庄王则在令尹孙叔敖的辅佐下，先是率军占领郑国，后又在"邲之战"中，击败晋国，成为中原霸主。

公元前591年，在位二十三年的楚庄王去世，太子熊审即位，是为楚共王。

公元前587年，斗生鉴于家族人丁不旺，就为十六岁的儿子斗弃疾选聘大户人家的女儿为妻，第二年两人就有了一个儿子，取名斗韦龟。

斗生去世后，楚共王熊审任命斗弃疾为大夫，斗弃疾开始步入政坛。

公元前560年，在位三十一年的楚共王去世，长子熊招继位，是为楚康王。

公元前548年，斗弃疾在楚军攻灭舒鸠之役中立下战功，被楚康王熊招封为宫厩尹。

斗弃疾去世后，楚康王将他的儿子斗韦龟任命为大夫，斗韦龟的政治头脑比其父其祖都要精明。

公务上，斗韦龟兢兢业业，无可挑剔，私下里，他则与楚康王的五弟公子弃疾走得最近，并且还要求自己的儿子斗成然尽心侍奉公子弃疾。

那么问题来了：公子弃疾到底有何魔力，能够让斗韦龟把所有的希望都押在他身上呢？这里的缘由，还得从楚共王晚年说起。

楚共王有五个儿子，分别是长子招、次子围、三子子比、四子子皙、五子弃疾。由于儿子们都是庶出，楚共王一直无法决定由谁来继任他的王位。

后来，楚共王想了个办法，他命人将一块祭师作过法的玉璧藏于祖庙，然后召五位王子按长幼之序入庙祭祖，偷看谁能接触到玉璧，谁便可以继承王位。

长子招祭拜时，膝盖跪在了玉璧上；次子围祭拜时，胳膊肘压住了玉璧；三子子比和四子子皙祭拜时都没能接触到玉璧；而五子弃疾由于年幼，被人抱入祭拜，竟然两次压住了玉璧！

虽然最终由于种种原因，楚康王接了老爸楚共王的王位，但斗韦龟认定，公子弃疾有当璧之命，自己和儿子死心塌地跟着他，绝对是以后晋身的资本。

公元前 545 年，在位十五年的楚康王去世，他的儿子熊员继任王位，是为楚郏敖。

公元前 542 年，楚郏敖熊员任命二叔公子围为令尹，主持楚国政事。

公子围并不想辅佐年轻的侄子楚郏敖，而是有着篡位的野心，他在对外交往时，都是沿用楚王的仪式，为了铲除障碍，他还想尽办法害死了司马芳掩，权力更加集中。

公元前 541 年，公子围听说楚郏敖生病后，立即进入王宫，以探视的名义用束冠的长缨将楚郏敖勒死，同时还把楚郏敖的两个儿子熊慕、熊平夏杀死，然后自立为王，并更名为虔，史称楚灵王。

楚灵王熊虔即位后，对内奢侈享受，为所欲为，对外信奉强权，四处征伐，导致内外人心尽失。

公元前 529 年，楚灵王率军驻扎在乾溪，准备讨伐徐国，逃亡晋国的公子子比和逃亡郑国的公子子皙趁机回国，与公子弃疾联合起来，率兵进入郢都，杀死了楚灵王的太子禄和公子罢敌，随后公子子比被拥立为王，是为楚初王。

楚初王熊子比即位后，任命公子子皙为令尹，公子弃疾为司马，还派人去乾溪，将国内发生政变的消息在楚军中散布，楚军很快溃散，离开楚灵王回到国都。

楚灵王见自己的王位丢了，儿子也被杀死，立马崩溃，而更要命的是，习惯了骄奢淫逸的他根本无法独立生活，连讨口饭吃的能力都没有，最终因羞愤而上吊自杀，给后世留下了"楚王好细腰，宫中多饿死"的荒谬行迹。

楚灵王死后，死讯一时没有传开，国势动荡，公子弃疾听从斗成然等人的建议，在郢都内外广泛造谣，称楚灵王率领东征大军要反攻回来了，一时间城中人心惶惶，楚初王和令尹子皙更是吓得不知所措。

公子弃疾乘机恐吓两位哥哥，使他们双双自杀而亡，之后他自己登上了王位，改名为居，是为楚平王。

楚平王熊居即位后，将拥立有功的斗成然任命为令尹，若敖氏家族再次返回权力顶峰。

然而，斗成然既没有自己的祖宗令尹子文的理政能力，又没有为王效命的节操，反而居功自傲，贪得无厌，仅仅一年后就被楚平王杀死。

斗成然死后，虽然楚平王没有株连他的子孙，甚至还任命斗成然的儿子斗率为郧公，以示不忘斗氏的功勋，但若敖氏家族已经没有了进入中枢的机会。

此时，楚国的命运也随着楚平王的荒唐统治，陷入危险境地，若敖氏家族自然也无法幸免。

第十一节　国破后的新生家族——班氏家族

岁余，虏荆王负刍，竟平荆地为郡县。

——《史记·白起王翦列传》

秦之灭楚，迁晋、代之间，因氏焉。

——《汉书·叙传》

楚平王虽然比二哥楚灵王聪明，善于协调大臣们的关系，保证大权自握，却因好色而吃了大亏。

当时，楚平王为太子建迎娶了秦女孟嬴，结果他却在宠臣费无极的怂恿下，偷偷把美貌非凡的孟嬴纳入了自己的后宫，导致太子建不得不逃奔宋国。

随后，太子太傅伍奢被费无极迫害而死，伍奢的儿子伍子胥则逃至吴国，与军事天才孙武联手，先后兴兵伐楚五次，屡次大败楚国，楚国的国运降到了谷底。

公元前 516 年，在位十三年的楚平王郁郁而终，不满十岁的太子壬继位，是为楚昭王。

此后，吴国对楚国的侵扰更加频繁。

公元前 506 年，吴王阖闾率伍子胥、孙武等人大举伐楚，在"柏举之战"中击溃楚军，攻入楚都郢。

楚昭王熊壬一行人先逃到郧国，郧公斗辛正是前任令尹斗成然的儿子，斗辛的弟弟斗怀想要为父报仇，杀死落难的楚昭王，被斗辛断然制止。但郧国已然不宜久留，在斗辛等人的护送下，楚昭王一行又逃到了随国（今湖北随州）。

楚平王虽然已经死去十年，但伍子胥仍然难解心头之恨，掘开楚平王的坟墓，挖出尸体，抽打了三百鞭才罢休。

楚大夫申包胥跑到秦国求援，秦哀公嬴籍刚开始不为所动，申包胥就赖在秦国宫门外不走，日夜痛哭，也不肯吃饭，竟哭了七天七夜。

秦哀公被申包胥的坚持和赤诚所打动，感慨道："楚虽无道，有臣若是，可无存乎？"于是发兵援楚。

楚昭王的长庶兄子西也在招集散兵，安定人心来抵抗吴军。

越王姒允常见吴军主力久出不归，开始袭扰吴国。

吴王阖闾的弟弟夫概，则趁哥哥和大部队都在楚国之际，逃奔回国，自立为王。

吴王阖闾见前方大势已去，后方大患日亟，当即命全军撤回吴国。

公元前505年，吴军退走之后，楚昭王回到了阔别十个月之久的郢都，到处都是一片狼藉，残破不堪。一年后，楚昭王迁都鄀地，称为"载郢"。

楚昭王复国后，忙于重整山河，斗率兄弟及其后裔得以继续在郧地为官。

然而，虽然楚国后来又有过楚惠王熊章、楚悼王熊类、楚威王熊商、楚怀王熊槐等励精图治的名王，但在秦国崛起的态势下，形势越发恶化。

公元前224年，因楚王熊负刍不愿献出之前答应割让给秦国的青阳以西土地，并派兵袭击原楚国都城郢都所在地的秦国南郡，秦王嬴政派老将王翦统率六十万大军攻打楚国，楚王熊负刍也出动主力迎敌，结果连遭失利，大将项燕被秦军击败后自杀。

公元前 223 年，秦楚大军相持一年后，楚军最终在兵疲粮绝的情况下大败，秦军攻入楚国首都寿春（今安徽寿县），楚王熊负刍被俘，楚国灭亡。

楚国灭亡后不久，曾在秦国为官多年的楚国公子昌平君，在前楚国首都纪郢（今湖北荆州纪南城）被原楚国贵族拥立为楚王，但很快也被秦军俘杀。

为防止楚国遗民再次发生叛乱，秦王嬴政将他们陆续迁离原楚国境内。

其中，子文的后裔几经迁徙，在秦王嬴政扫灭六国、于公元前 221 年成为秦始皇后，最终在原晋国、代国之间的区域落脚。

为了继续存活，子文的后裔隐姓埋名，选择以祖先楚国令尹子文的名"班"为姓。

至此，班氏家族开始正式出现在历史舞台上，只是还处于忍辱偷生的艰难时刻。

但这一困境并没有持续太久，因为时局变化太快，更因为一个人的明智选择。

第二章

班氏家族：

北方豪族进军仕途

秦末汉初的大牧场主

班壹的决定

百岁寿星的大排场

班长：成功进入仕途

班况：重回中枢，与皇族结亲

第一节　班壹的决定

（秦始皇）收天下兵，聚之咸阳，销以为钟镶，金人十二，重各千石，置廷宫中。

——《史记·秦始皇本纪》

始皇之末，班壹避地于楼烦。

——《汉书·叙传》

秦始皇一统天下之后，对六国旧贵族的监管非常严苛，不仅让他们迁离故土，还修建了由京师咸阳通到全国各地的驰道，以防止可能出现新的割据和挑战。

秦始皇严禁民间私藏武器，把缴获和没收的武器统统销毁，熔化掉的材料铸成十二个各重千石的铜人，放置在京师咸阳的皇宫内。

秦始皇还维持了一支庞大的军队，多次对外进行大规模战争，同时还修建了很多大型国防建设和土木建筑。

秦始皇认为，这样可以让秦地和六国旧地加快融合，但老百姓却对繁重的兵役和徭役苦不堪言，社会动荡不断，出现了天下大乱的迹象。

新生的班氏家族为了继续生存下去，躲避秦朝官吏可能的追捕和残杀，只好重复着被动迁徙和主动搬家。

有些班氏族人已经认命，看不到未来的前途，只求浑浑噩噩地苟活。

一个名叫班壹的年轻人，却对家族整天逃命的现状感到担忧，他在思考下一步该怎么走，才能让家族停止损耗，开始发展壮大。

当时六国旧贵族的主流路径只有两条：一是隐居深山，不问世事，保存实力，静待时机；二是暗中积极策划，寻找志士能人，为可能到来的反秦复国战争作准备。

班壹最终选择了前者，他认为家族从最后一任族人令尹斗成然之后，家族已经在楚国边缘化了三百多年，不仅没有很强的号召力去实施反秦复国大计，反而很可能沦为炮灰，造成整个家族的悲剧。

于是，班壹带领族人来到楼烦，也就是现在的山西省宁武县附近，并就此伐木搭瓦，准备安定下来。

　　那么，班壹为什么要选择楼烦这个地方，作为班氏家族的隐居之地呢？

　　我们可以先来看一下今天的宁武县地貌，这里山岭纵横，密林丛生，是一个非常原生态的地方。

　　同样的地方置换到秦朝，这里不仅是帝国统治的薄弱地带，官府不加管理，而且还是个理想的天然牧场、动物们的乐园。

　　班壹曾经到过楼烦，对这一带的情况很熟悉，做出决定之前，也带着族内的长老到楼烦考察过，给他们详细介绍了这里的好处及优势。

　　班壹来楼烦的目的，除了为班氏家族找到世外桃源，也要开创家族的新事业，利用地利，养殖北方多见的马、牛、羊等动物。

　　班壹坚信，放牧生活能强健家族成员的体魄，一扫之前的无奈和颓势，同时日积月累，还能积累起巨大的财富，改变家族的命运。

当然，也有一小部分班氏族人不认可班壹的做法，他们想参与到反秦复国运动中，通过战争重现班氏家族昔日的荣光。

这部分人的带头人是班拓，同样是一个年轻人，从小就爱舞刀弄枪，长大后非常有勇力。

考验他们的机会很快就到来了。

第二节　秦末汉初的大牧场主

> 燕、赵、齐、楚、韩、魏皆立为王，自关以东，大氐尽畔秦吏应诸侯，诸侯咸率其众西乡。
>
> ——《史记·秦始皇本纪》

> 班壹避地于楼烦，致马、牛、羊数千群。
>
> ——《汉书·叙传》

秦始皇统治期间，特别喜欢到全国各地巡游，这可不是单纯的旅游，而是有两个重要的目的：一是刻石颂扬秦始皇一统天下的功德；二是寻访仙人足迹，寻找长生不老之术。

我们知道，舟车劳顿，东走西逛，一圈下来感觉很累，得休养一段时间才能恢复。

可想而知，秦始皇经常性地巡游，不仅达不到延年益寿的效果，反而极大地损害了他的健康。

公元前 210 年，秦始皇在第五次东巡途中，驾崩于沙丘宫

（今河北广宗）。

由于事发突然，秦始皇甚至都来不及指定皇位继承人，这就让接下来的事态开始发生转变。

秦始皇生前一共有二十三个儿子，但有实力竞争皇位的，只有长子嬴扶苏和第十八子嬴胡亥。

扶苏作为长子，深得父皇秦始皇的器重，不仅文武全才，还很有政治远见，他多次反对秦始皇的严峻政策，劝谏秦始皇要爱惜民力，不可一味激化矛盾。

秦始皇听不进去，最终龙颜大怒，将扶苏派到上郡去监督大将蒙恬率领的军队，并协助蒙恬修筑长城，抵御匈奴可能的进犯。

胡亥则从小就很乖巧，秦始皇非常疼爱这个儿子，出去巡游常常带着他。秦始皇去世时，身边只有胡亥一个儿子。

原本秦始皇临终前，已经写好了一份诏令，让扶苏赶回京师咸阳，参与处理他的后事，但秦始皇死后，这份诏令却被草拟它的中车府令赵高藏了起来。

胡亥和赵高的关系非常好，秦始皇还曾要求赵高教授胡亥秦律，所以，赵高特别期望胡亥能够登上皇位。

于是，赵高去找另一个关键人物——当朝丞相李斯。

赵高要求李斯和他一起，拥立胡亥为帝。李斯刚开始并不答应，但赵高的一番说辞让他冷静下来："如若扶苏登基，与他亲厚的蒙氏家族必将崛起，文有蒙毅，武有蒙恬，你觉得朝堂上还有你的位置吗？"

紧接着，赵高又说服胡亥，让他召见李斯，给李斯更大的压力。

李斯想了两个时辰，决定保住自己的荣华富贵，和赵高密谋，假造秦始皇的临终诏书，由胡亥继承皇位。

同时，他们也意识到必须除去最大的威胁扶苏，便以秦始皇的名义指责扶苏为子不孝，逼迫扶苏自杀。

扶苏自杀的消息确定后，赵高、李斯带着胡亥等一行人日夜兼程，迅速返回咸阳，胡亥顺利继位，是为秦二世。

秦二世登基后，任命赵高为郎中令，李斯依旧做他的丞相，但朝政大权实际上落入赵高手中。

赵高为了揽权，一方面纵容秦二世享乐怠政；另一方面结党营私，滥杀不服从自己的朝臣，和李斯展开明争暗斗。

在这种情况下，朝廷对百姓的剥削和压迫更加严重，很多百姓流离失所，妻离子散，天下大乱的迹象越发明显。

班壹全然不知外界的变化，他和族人们的放牧事业有了起色，马、牛、羊群开始增多，大家的生活环境也得到了改善。

公元前209年七月，陈胜、吴广等九百多名戍卒在开赴渔阳（今北京密云）途中，因大雨堵路停留在大泽乡（今安徽宿县境内），面临不能如期赶到渔阳后可能带来的严重惩罚。

陈胜以"王侯将相宁有种乎"的口号来鼓动人心，和吴广等人假借公子扶苏、楚国大将项燕的名义，率领这些戍卒公开反秦，一路应者云集，势如破竹。

很快，陈胜大军攻下陈县，陈胜自立为王，以陈县为都城，建立"张楚"政权。

隐藏在民间的六国旧贵族，也纷纷加入陈胜大军，寻求支持者以谋求复国，赵国、燕国、魏国等国相继建立。

班拓也趁机和跟随他的班氏族人一起，依附"张楚"政权，有了自己的一支队伍。

秦二世紧急调动少府章邯率军与内部分裂中的陈胜大军作战。

公元前 208 年，陈胜大军再次惨败，退至下城父（今安徽蒙城西北），车夫庄贾杀害陈胜后，投降了秦军。

同年七月，赵高设计陷害李斯，李斯在严刑拷打后被迫承认谋反，秦二世下令将他腰斩于咸阳，赵高升任丞相。

陈胜、吴广等人起义虽然失败了，但反秦斗争的序幕已经拉开，楚国名将项燕的儿子项梁，带着侄子项羽在吴（今江苏苏州）杀掉秦朝会稽郡守，起兵反秦。

不久，项梁率部渡江北上，连战连捷，班拓等人再次投奔项梁，企图建功立业。

沛县亭长刘邦也纠集一部分亡命之徒，杀掉沛令起事，加入项梁军中。

项梁派人找到了楚怀王的孙子熊心，并拥熊心为楚王。

班拓听说熊心称王后，非常高兴，认为楚国正在复兴，作战更加勇猛。

同年 9 月，项梁因轻敌在定陶被秦将章邯击败，伤重而死。

公元前 207 年，楚王熊心派项羽率军去救援被秦军重重围困的赵王歇。项羽在巨鹿（今河北平乡县）一役中击溃秦军主力，秦朝大将王离被擒，秦将章邯率二十万大军投降。项羽害怕降兵无法控制，在新安城南连夜坑杀了这二十万秦军。

此时，六国旧贵族已经全部复国，一边对抗秦朝军队，一边抢占地盘。

赵高担心秦二世知道真相后祸及自己，索性派自己的弟弟赵成和女婿阎乐，指挥亲兵将秦二世杀死于望夷宫（今陕西咸阳市东北泾河南岸）。

秦二世死后，赵高本想自己登基，但文武百官皆低头不从，他只能临时将玉玺传给了秦朝皇族成员嬴子婴。

子婴不甘做赵高的傀儡，设计将赵高斩杀，并夷其三族。由于秦朝的力量已大为削弱，子婴只得取消帝号，复称秦王。

同年十月，刘邦率大军攻破武关（今陕西丹凤东南），兵临咸阳（今陕西咸阳东北），秦王子婴眼看大势已去，亲自到刘邦军前投降，秦朝灭亡。

一个多月后，项羽率领大军进入咸阳，立刻杀死子婴，纵火焚烧秦宫室。

随后，项羽尊楚王熊心为"义帝"，自立为西楚霸王，并分封了汉王刘邦、雍王章邯、西魏王豹、齐王田都等十八个诸侯王。

项羽分封完诸侯，命令各诸侯前往封国，将义帝熊心迁往郴县，暗中令九江王英布于途中将义帝熊心杀死。

义帝熊心死后，班拓认为项羽已经背叛楚国，不足以效忠，决定另觅贤主。

公元前205年，汉王刘邦在平定三秦后，准备东出与项羽争天下，班拓得知消息后，率领班氏族人前去投靠。

刘邦得知义帝熊心的死讯后，为他公开发丧，以项羽大逆不道为名，号召天下诸侯与自己一起讨伐项羽，为义帝报仇，历时四年的楚汉战争就此拉开序幕。

已经自立为王的六国旧贵族们也各自参与到刘邦和项羽的两大阵营中，中原陷入更加复杂的战乱。

一心不问天下事的班壹，也率领族人获得了巨大的成功，用《汉书·叙传》中的说法是"致马牛羊数千群"！

这是一个什么概念呢？

根据相关史料可知，在当时五百为一"小群"，一千为一"大群"，以此推算，班壹已经拥有了高达百万之众的马、牛、羊等牲畜，可谓是不折不扣的大牧场主！

群雄逐鹿中原，到处焦土一片，班壹真的能够独善其身吗？

第三节 百岁寿星的大排场

> 项羽解而东归。汉王欲引而西归，用留侯、陈平计，乃进兵追项羽。
>
> ——《史记·高祖本纪》
>
> 当孝惠、高后时，以财雄边，出入弋猎，旌旗鼓吹。
>
> ——《汉书·叙传》

楚汉战争是一场拉锯战，也是决定中原之主的定鼎之战，汉王刘邦和西楚霸王项羽都铆足了劲，展开殊死交锋，其他诸侯则左右摇摆，或多或少都卷了进来。

公元前 205 年冬，刘邦乘项羽率领楚军主力在齐国平叛之际，带着五路诸侯兵马五十六万，向东攻打防备空虚的楚国，并一举攻占西楚首都彭城。

刘邦大喜过望，一方面搜集珍宝美人，另一方面大摆宴席，天天与各路诸侯喝酒看戏。

项羽听说后方有失，留下部将继续攻齐，自己亲率精兵三万去救援彭城。

诸侯联军没有防备，项羽军则以一抵十，杀死汉兵十多万人，刘邦率部逃往南山，项羽步步紧逼，慌不择路的汉兵落入睢水，又溺水淹死十多万人。

项羽把刘邦的军队包围起来，准备一举全歼，楚军却被一阵大风吹乱，刘邦乘机率数十骑兵逃脱。

班拓拼死杀敌，眼看着一个个班氏族人倒下，也只能狠心逃出重围，躲了起来。

班拓故意把自己混同成一个普通的流民，擦干嘴角的血，他脑子里只有一个念头：杀掉项羽，为楚义帝报仇，为班氏族人报仇！

刘邦逃到下邑后，一路收留残兵败将来到荥阳，其他各路败军也先后前来会合，萧何又发动关中百姓前来投奔刘邦，刘邦得以重振军威，项羽没能取得最后的胜利。

不过，彭城之战后，以汉为首的反楚联盟瓦解，诸侯选择反叛刘邦，归附项羽。

此后，楚汉双方围绕荥阳周边区域，进行了长期斗争，项羽军虽然骁勇善战，势不可当，可刘邦却是四面出击，不仅先后攻灭雍王章邯、西魏王豹等诸侯，还说服英布反楚，联络彭越扰楚后方；使用陈平的反间计，迫使项羽和范增反目，项羽失去了他的第一谋士。

　　公元前203年九月，刘邦和项羽都已经兵疲粮尽，无法继续战斗，双方签订盟约，以鸿沟为界，中分天下，东归楚、西归汉。

　　于是，项羽送还刘邦家眷，引兵东归。

　　刘邦本来也想退兵，但在谋士张良、陈平等人的提醒下，他毅然撕毁盟约，下令全力追击无心恋战的楚军。

　　公元前202年一月，刘邦以封赏笼络韩信、彭越、英布等诸侯王，统率各路汉军约七十万人，与项羽率领的十万久战疲劳的楚军在垓下（今安徽灵璧县南）展开决战。

　　楚军大败，陷入汉军的重重包围之中，韩信又命汉军士卒深夜唱楚歌，歌词直击人心："人心都向楚，天下已属刘；韩信屯垓下，要斩霸王头！"

　　楚军更加军心涣散，项羽突围至乌江（今安徽省和县境内）时，身边只剩下了二十八骑，这全是忠贞不贰的勇士！

　　面对数千追击而来的汉军震天响般大喊"投降，投降"，项羽的眼角只有不屑，他冲着二十八骑亲军点点头，提起宝刀冲进了汉军阵地。

　　汉军中一阵骚动，有人因害怕而退让，更多的人为了得到"封侯千金"的赏赐而拼杀，但也只顾围着那二十八骑楚兵，不敢直面气势如虹的项羽。

　　有一个人却无所畏惧，他直直地往项羽的方向策马扬鞭！

　　这个人，就是忍辱负重了近三年的班拓！

　　谁也不知道他是谁，更不明白他吃了多少苦，每次楚汉作战，班拓必定在交战地附近转看，甚至成了楚汉两边的双料间谍。

　　得知项羽落败，穷途末路之际，班拓心中暗喜，利用多年的关系网，加入了这次的最后出击。

　　前方项羽杀人如泥，势不可当，根本没有意识到班拓的靠近，两人双刀相对，项羽左臂被刺了一个口子，血流如注。

汉军见此，也蜂拥而至，班拓更是继续挥刀，项羽被包围了！

项羽没有犹豫，他发觉了这个不要命的人，仿佛没有受伤一样，他冲着班拓挥出了致命一刀。

班拓倒下了，他死在了天下第一猛的项羽刀下，但他也笑了，因为他的关键一击，让项羽无处脱身。

最后，跟随项羽的二十八骑全军覆没，项羽浑身是伤，选择自刎而死。

同年二月，刘邦在山东定陶汜水（今山东曹县北）登基，定都咸阳以东的长安（今陕西西安），定国号为汉，是为汉太祖高皇帝。

西汉开国之初，由于天下刚刚平定，到处都是一片凋敝，残破不堪，刘邦采用休养生息的宽松政策，力图恢复社会经济，让老百姓安居乐业。

班壹也察觉到了这一微妙变化，他带领族人继续扩大养殖规模，家族财富也得以继续增长。

公元前 195 年四月，六十二岁的刘邦驾崩于长乐宫，十六岁的皇太子刘盈继位，是为汉惠帝。

汉惠帝刘盈继位后，皇太后吕雉掌控了朝政大权，继续任用萧何为相国，沿用休养生息的宽松政策。

此时，班壹及其家族所拥有的财富就更加惊人了，在《汉书·叙传》中，是这样描述他的排场的：

当孝惠、高后时，以财雄边，出入弋猎，旌旗鼓吹。

一个"雄"字，道出了班壹在汉朝边地的强大影响力，而他每次出去射猎时，还要安排旌旗招展，鼓乐喧天，这气派，还真有一番"汉朝超级大富豪"的范儿！

以班壹为首的班氏家族，财富至此已经达到了顶峰，作为掌舵人，班壹也在思考着后代的未来。

很快，京师长安的重大变故，让他有了明晰的思路。

第四节　班长：成功进入仕途

高后八年七月，高后崩。九月，诸吕吕产等欲为乱，以危刘氏，大臣共诛之，谋召立代王。

——《史记·孝文本纪》

壹生孺。孺为任侠，州郡歌之。孺生长，官至上谷守。

——《汉书·叙传》

公元前 188 年，一直生活在专横独断的亲生母亲、皇太后吕雉阴影下的汉惠帝刘盈抑郁成疾，年仅二十四岁就去世了。

汉惠帝死后，吕太后将娘家吕氏家族成员全部加官晋爵，掌控朝政大权，并先后拥立前少帝刘恭、后少帝刘弘为帝，自己临朝称制，行使皇帝职权，成为我国太后专政的第一人。

吕后当政期间，吕氏家族鸡犬升天，甚至册封自己的侄子吕台为吕王、吕产为梁王、吕禄为赵王……打破了刘邦生前与开国勋臣们的盟约"非刘氏而王，天下共击之"，吕氏家族竟有十几人为王为侯。

刘邦的龙子龙孙反而是夹着尾巴做人，皇三子赵隐王刘如意、皇五子赵恭王刘恢、皇六子赵幽王刘友等非正常死亡；皇孙朱虚侯刘章则娶了赵王吕禄的女儿，与吕氏家族结亲，活跃在朝堂；更多的刘氏王侯，则深居大院，默默等待时机。

刘邦的皇四子、代王刘恒，就是其中非常典型的一位。

公元前196年，年仅八岁的刘恒被父皇刘邦封为代王，此后就藩代地，居于晋阳（今山西太原）。

刘恒性格谨慎、沉稳，严格执行休养生息的宽松政策，代地被治理得井井有条。

楼烦属于代国管辖，刘恒对班壹这位"传奇大富豪"也早有耳闻，曾多次去他的牧场拜访。

班壹从子孙辈的反馈中，感受到了吕氏家族的跋扈，但和刘恒交谈几次后，他对儿子班孺说道："此贤王，他日必兴汉室。"

公元前180年，临朝称制达八年之久的吕太后去世，虽然她生前把军权都交给了吕氏诸王，但刘邦的旧臣丞相陈平和太尉周勃、朱虚侯刘章等人不干了，他们打着"恢复刘氏政权"的名义，联手诛灭了吕后家族。

随后，陈平等人以后少帝不是汉惠帝的亲生儿子为由，废杀了刘弘和他的四个兄弟。

下一任皇帝该谁当呢？亲自斩杀梁王、丞相吕产立了大功的朱虚侯刘章，主张拥立他的兄长齐王刘襄为帝，但周勃、陈平等大臣以刘襄的舅舅驷钧为人苛刻，担心"吕氏当国"的历史重演为由，排除了刘襄称帝的可能，最终大家认为代王刘恒是刘邦活着的儿子中年龄最大的，而且刘恒和他的母亲薄氏都很宽仁，决定拥立刘恒为新皇帝，并派出使者去代国接刘恒到京师长安继承皇位。

刘恒刚开始有点惶恐，不敢接受征召，代国官员也莫衷一是。就在这时，班壹派族人送来一封信，上书："恭喜真龙天子进京，机不可失！"

于是，刘恒带领部众赶到长安，太尉周勃跪着送上天子玉玺，刘恒在陈平等众大臣的拥戴下继承了皇位，是为汉太宗孝文皇帝。

汉文帝刘恒即位后，奉行黄老"无为而治"的政策，老百姓得到了很多实惠，经济发展得更好了。汉文帝多次请班壹班孺父子出山，但都被班壹以年老体衰、山野村夫的理由婉拒。

但实际上，班壹已经意识到西汉王朝与秦朝的根本不同，开始为后辈的前途重新打算。

班壹的儿子班孺从小跟在父亲身边，是父亲的左膀右臂，一起创造了巨大的财富。

班壹虽然没有让班孺接受朝廷的赐官，但也没打算让班孺把这些财富守下去，而是让他参与到州郡事务中，为在动乱中受到影响的乡邻提供必要的帮助。

班孺完全没有纨绔习气，反而天生正义感十足，喜欢行侠仗义，打抱不平。

这让他面对"散财童子"这个身份时，做出了更多的义举，得到了所在州郡长官和乡邻的认可。

班壹也很满意儿子班孺的作为，他安然在楼烦的大牧场里过着自己雍容的晚年，直到"年百余岁，以寿终"。

老寿星班壹去世后，威望也很高，《汉书·叙传》中记载：

　　故北方多以'壹'为字者。

　　啥意思呢？同时代的北方人都很钦佩班壹这么一位福寿两全的奇人，很多人用他的名"壹"作为字，作为一种敬意和纪念。

　　班孺牢记老父亲的遗训，虽然与朝廷保持一定距离，但还是运用巨额遗产，积极参与州郡事务。

　　公元前157年六月，四十七岁的汉文帝去世，皇太子刘启继承帝位，是为汉景帝。

　　汉景帝刘启即位后，在御史大夫晁错的支持下，下达削藩令，并决定先削夺最大的同姓诸侯国——吴国的会稽和豫章两郡。

　　早有谋反之心的吴王刘濞见朝廷开始动手，不愿束手就擒，且与汉景帝有杀子之恨（汉景帝当皇太子的时候，失手用棋盘杀死了刘濞的儿子吴国世子刘贤），于是借机联合楚王刘戊、赵王刘遂、胶西王刘卬、济南王刘辟光、淄川王刘贤、胶东王刘雄渠等人，以"诛晁错，清君侧"的名义，举兵造反，史称"七国之乱"。

汉景帝得知七国诸侯叛乱的消息后，彻底慌了神。他先是听从曾任吴国丞相的袁盎建议，将晁错腰斩于东市，但七国联军不仅没有停下进攻的步伐，反而认为汉景帝软弱无能，更加狂妄起来。

汉景帝这才下决心武力镇压叛乱，派太尉周亚夫率兵与七国联军作战，最终用三个月击溃叛军，彻底平定了这场叛乱。

"七国之乱"平息后，汉景帝趁势削弱各诸侯王的权力，加强中央集权，使得朝廷的实力越发强大。

班孺一方面继续经营父亲留下的牧场，另一方面对七国之乱中受到波及的乡邻，再一次大手笔进行了抚恤，州郡的人对他非常敬佩。

班孺的儿子班长，改变了父祖经商的传统。

班孺把放牧生意交给了家族中的精明后辈，积极鼓励儿子班长走出楼烦，通过家族的巨大影响力，到州郡做事，走上了仕途。

公元前141年，四十八岁的汉景帝病死于长安未央宫，皇太子刘彻继皇帝位，是为汉世宗孝武皇帝。

汉武帝刘彻登基后，对内颁布"推恩令"，进一步削弱诸侯王的势力，同时采用大儒董仲舒"罢黜百家，独尊儒术"的建议，统一思想；对外则先是平定南方闽越国的动乱，后又派出名将卫青、霍去病等，多次出击匈奴，同时还派张骞出使西域，采用"一手软一手硬"的做法，使得西域诸国臣服。

在此期间，班长多次参与抗击匈奴，驰骋疆场，立下不小的功劳，最终官至上谷郡守。

班长在官场的试水和努力，彻底改变了班氏家族的历史走向，他的子孙也在向着更大的目标迈进。

第五节　班况：重回中枢，与皇族结亲

> 回生况，举孝廉为郎，积功劳，至上河农都尉，大司农
> 奏课连最，入为左曹越骑校尉。
>
> ——《汉书·叙传》

结束了一天的公务后，上谷郡守班长伸了伸懒腰，想起这个点儿还是儿子班回的读书时间，就绕到书房去看看。

"回儿，你怎么又在发呆啊？"进了书房，班长才发现，书本整整齐齐地放在案几上，班回却托着腮看着窗外。

"父亲大人，读书太累了，孩儿想回爷爷那里，骑马斗小羊玩！"班回看到父亲来了，很不好意思，但还是红着脸说出了自己的想法。

班长点点头，来到案几前对班回说道："回儿，爸爸小时候的想法和你一样，就是想在一望无际的大牧场里，策马奔腾，与牛羊为伴，你爷爷当时也总是让爸爸读书，完成读书任务才

可以去骑马。虽然有很多不理解，但长大后却是获益匪浅，回儿，你以后也是要干大事的，不仅我们家族的希望在你身上，更要为国效力！爸爸答应你，只要你按照先生的要求，把书读扎实了，过段时间会带你去爷爷那里。”

"好噢，我听爸爸的话，把书念好了再去骑马！"班回一下子蹦起来，他的生活也在读书和骑马射猎间切换。

西汉后元二年（公元前 87 年），七十岁的汉武帝驾崩于五柞宫，年仅八岁的皇太子刘弗陵登基为帝，是为汉昭帝。

由于汉昭帝刘弗陵年纪太小，由大司马大将军霍光受汉武帝遗诏主持国政。

汉昭帝非常信任霍光，不仅尊他为博陆侯，还支持他族灭反对者安阳侯、左将军上官桀父子和桑弘羊，汉昭帝的姐姐鄂邑盖长公主和哥哥燕王刘旦被迫自杀。

在霍光的辅佐下，汉昭帝采取休养生息的政策，使得在汉武帝时期被耗空的国力有所恢复，对外也恢复和亲政策，缓和了同匈奴的关系。

此时，长大后的班回也在父亲班长的影响下，进入仕途，并凭借自己出众的才能，当上了长子令。

西汉元平元年（公元前 74 年）夏，二十一岁的汉昭帝英年早逝，没有留下子嗣。

随后，霍光征召汉昭帝的侄子昌邑王刘贺继承帝位。

刘贺得知自己被选为皇帝后，带领了二百多个原昌邑国属官来到京师长安，企图夺取霍光的执政权，同时还触犯了很多宫廷禁忌。

霍光同富平侯、右将军、光禄勋张安世等大臣商议后，决定废黜他。刘贺登基仅仅二十七天，就因荒淫无道等罪名，被霍光以外甥女上官太后的名义废黜，史称"汉废帝"。

刘贺被废后，霍光尊立汉武帝的曾孙、戾太子刘据的孙子、史皇孙刘进的儿子刘询为皇帝，是为汉中宗孝宣皇帝。

汉宣帝刘询即位后，霍光曾表示要归政于皇帝，但汉宣帝没有接受，朝廷大权仍然由霍光掌控，但表面的信任之外，汉宣帝内心却十分忌惮霍光，常常感觉"若有芒刺在背"。

西汉本始三年（公元前 71 年）正月，因此前汉宣帝没有依照群臣提议，立霍光之女霍成君为皇后，霍光的继室夫人霍显便背着霍光，趁汉宣帝的原配妻子皇后许平君生产之际，买通御医淳于衍毒死了许皇后。

霍显担心汉宣帝追究责任，不得不向霍光坦白了此事。霍光碍于夫妻情分，替她掩盖了过去。

西汉本始四年（公元前70年）三月，霍光的女儿霍成君被汉宣帝册立为皇后，但汉宣帝对她并没有多少感情。

西汉地节二年（公元前68年）三月，霍光病重逝世，汉宣帝与上官太后亲自临丧，并按皇帝的规格厚葬霍光。

霍光死后，汉宣帝逐渐收回属于自己的权力，并将霍禹、霍山、霍云等霍氏子弟的兵权慢慢解除。

西汉地节三年（公元前67年）四月，汉宣帝立许皇后的儿子刘奭为皇太子，封皇太子刘奭的外祖父许广汉为平恩侯。霍光的遗孀霍显特别气愤，让女儿霍皇后毒杀皇太子，但没有成功。

西汉地节四年（公元前66年）七月，霍禹、霍山、霍云等人的企图谋反被发觉，汉宣帝尽灭霍氏一族，霍皇后也遭到废黜，被迫迁往上林苑的昭台宫。

汉宣帝是西汉中期难得的好皇帝，他挫败霍氏阴谋后，要求各地发现和举荐品学兼优的人，认真处理朝政。

班回的儿子班况因出众的才华和良好的家庭背景，也被州郡推举为孝廉，开始担任郎官。

西汉黄龙元年（公元前 49 年），四十三岁的汉宣帝因病崩于长安未央宫，皇太子刘奭即位，是为汉元帝。

汉元帝刘奭在位期间，外戚、儒臣、宦官三方争权，汉元帝优柔寡断，最终宦官一家独大，导致君权旁落，朝政混乱。

班况在地方上办事兢兢业业，百姓安居乐业，上级也很满意，被提升为上河农都尉。

当时的大司农非常欣赏班况的办事能力，多次上书表奏他的才能，汉元帝刘奭龙颜大悦，招班况入朝，担任左曹越骑校尉。

西汉时，左曹越骑校尉属于年俸两千石的高官，班况担任左曹越骑校尉，也意味着班氏家族再次走进了权力中心。

西汉竟宁元年（公元前 33 年），四十二岁的汉元帝在长安未央宫病逝，皇太子刘骜继承皇位，是为汉成帝。刘骜的母亲王政君被尊为皇太后。

西汉建始元年（公元前 32 年），汉成帝刘骜向天下广选美女进宫，左曹越骑校尉班况十四岁的女儿被选中，进入后宫。

由此，班氏家族与西汉皇族结亲，迈入了一个崭新的阶段。

第三章
班婕妤得宠，兄弟沾光

班伯：不乐安逸，先礼后兵安境

班氏入宫，进位婕妤分寸自守

班斿：天子赐书，后人珍视

第一节　班氏入宫，进位婕妤分寸自守

　　孝成班婕妤。帝初即位选入后宫。始为少使，蛾而大幸，为婕妤，居增成舍。

　　　　——《汉书·卷九十七下·外戚传第六十七下》

　　太后闻之，喜曰："古有樊姬，今有班婕妤。"

　　　　——《汉书·卷九十七下·外戚传第六十七下》

　　上一章我们说到，左曹越骑校尉班况的女儿班氏姑娘进宫了。

　　那么，班氏姑娘是如何被汉成帝刘骜选中的呢？主要理由有二：

　　首先，班氏姑娘生于西汉初元三年（公元前 46 年），由于家庭条件优越，她从小就被悉心培养，此时正值十四岁的青春年华，知书达礼，美而不艳。

　　其次，班氏姑娘的父亲班况身为左曹越骑校尉，在天子脚下任职，他的女儿比起地方上的姑娘，当然更有条件入宫。

班氏姑娘进宫后，先是被封为少使，这个职位在西汉王朝的后宫品级中属于下等女官。

但金凤凰显然不会被埋没，很快，汉成帝就注意到了这个文才出众、吟诗作赋信手拈来的班少使。

由于汉成帝自己很喜欢读经书，对文辞也有自己的理解，他开始频频出入班少使的寝宫，两个人你一句我一首，从琴棋书画到诗词歌赋，很快对上了眼，变得如胶似漆。

出了这么大的动静，整个后宫上下都知道班少使得宠了，纷纷向她提前道喜。

汉成帝也没有含糊，一下子就将班氏姑娘从"少使"提升为"婕妤"，从此成为后世通称的"班婕妤"。

那么，婕妤在西汉时期的后宫中，大概是个什么地位呢？

根据史料可以得知，此封号仅次于皇后、昭仪，而且据《史记·外戚世家》记载，西汉时"常以婕妤迁为皇后"。

也就是说，婕妤就是皇后的跳板，由此可见，班婕妤在后宫地位的显赫！

　　女儿有出息了，班况这个国丈的含金量也水涨船高，但当时外戚王氏、冯氏、许氏等多方争权，宦官势力也很强大，班况无意在复杂的局势下周旋，果断选择了急流勇退，辞去官职回府休养。

　　虽然没有了权力，但班况家族实力雄厚，史载"资累千金"，是个大富翁。他响应女婿汉成帝的号召，与很多豪族大户一起迁居昌陵邑。

　　除了女儿班婕妤，班况还有三个儿子：班伯、班斿、班稚，他们从小就得到了严格的学识教育，一个个都是饱读诗书的青年才俊，作为国舅爷，此时也得到了汉成帝的青睐。

　　班况年轻时曾跟随博士师丹学习《诗经》，而且很有心得。汉成帝的元舅阳平侯、大司马、大将军、领尚书事王凤听说后，便举荐班伯进宫侍读。

　　汉成帝立即在宴昵殿召见了班伯，见他一表人才，诵读经典朗朗上口，和其他人交谈也非常有逻辑性，思路很明晰，与他很投缘，于是拜班伯为中常侍。

　　当时，博士郑宽中、张禹每天早晚都会在金华殿给汉成帝讲解《尚书》《论语》，汉成帝下诏，命班伯也去金华殿一起受教。

班伯学习得非常认真，过了一段时间，他不仅明了书中的大义，还能和博士许商一起侃侃而谈，说得头头是道。

汉成帝召见班伯时，见他对答如流，进步神速，又将他提升为奉车都尉。

班斿则因学识渊博、才华出众，被关内侯、左将军史丹以"贤良方正"之名举荐，又通过应对制策而担任议郎。

班稚也被授任黄门郎中常侍，他接人待物都很有规矩，而且非常洁身自好，从不利用自己的特殊身份招摇。

就在班氏阖门显贵之际，后宫里又传来好消息，班婕妤怀孕了！

由于先前许皇后所生的一子一女都没能活下来，朝野上下对这个未出世的皇嗣都很期待，汉成帝更加宠爱班婕妤。

十个月后，班婕妤顺利生下了一名皇子，整个皇宫都沸腾了，这可是汉成帝的第一个继承人。

但遗憾的是，这名皇子出生仅仅几个月后，便不幸夭折了。

班婕妤悲恸欲绝，更加沉浸在诗书中，企图用美好的词句掩盖那些不愉快。

汉成帝并没有怪罪班婕妤，依然对她宠爱如初。

班婕妤没有恃宠而骄，她依然保持着入宫以来的习惯，每次去觐见汉成帝时，一切举止言行都依从古礼，不会因得宠而太随便。

有一次，汉成帝在御花园游玩时，一时兴起，命人将班婕妤召唤过来，想和她一起乘辇车出行，班婕妤直接拒绝了汉成帝，施过礼后，还认真地说了这么一段话：

观古图画，贤圣之君皆有名臣在侧，三代末主乃有嬖女，今欲同辇，得无近似之乎？

班婕妤不愧是饱读诗书的才女，在这短短一句话里，她由古及今，引经据典：陛下，我看过不少古代留下来的画册，那些圣明的君王，陪伴在侧的都是有名的大臣。只有夏朝的末代国君桀、商朝的末代国君纣、西周的末代国君周幽王姬宫涅，这三个亡国之君才会宠幸妖媚妖艳的女子，最终导致国破家亡的结局。现在如果陛下和我同乘辇车，不就和那些亡国之君的做法很相似了吗？

这话说得可圈可点，汉成帝挑不出毛病，但也没有了兴致，于是就打消了和班婕妤同辇出游的念头。

后来，皇太后王政君听说了这件事之后，非常欣赏班婕妤的做法，高兴地对左右亲近说道："古有樊姬，今有班婕妤。"

这句话很好理解，古代的时候有樊姬，现在我儿汉成帝有班婕妤这样的贤妃。

那么问题来了，樊姬是谁？为什么王太后要把班婕妤和她相提并论呢？

这樊姬可不是一般女人，她是"春秋五霸"之一楚庄王熊旅的正宫夫人。

樊姬不仅把后宫打理得井井有条，还通过巧妙地劝谏，让楚庄王改变了沉迷打猎、酒色等嗜好，最终幡然醒悟，励精图治，成为春秋时期的一代名王。

樊姬也因此史册留名："楚之霸，樊姬之力也。"

如此说来，王太后把班婕妤比作樊姬，不仅是对她的肯定，更是想让班婕妤辅佐好汉成帝，让他成为一个好皇帝。

王太后是汉成帝的亲生母亲，她所在的王氏一族权倾朝野，因此王太后对班婕妤的青眼相看，使得班婕妤在后宫的地位进一步提高。

班婕妤地位的稳固，也使她宫外的兄弟们有了更多的发挥空间。

第二节　班伯：不乐安逸，先礼后兵安境

　　（班伯）乃召属县长吏，选精进掾史，分部收捕，及它隐伏，旬日尽得。郡中震栗，咸称神明。

　　　　　　　　　　　　　　　——《汉书·叙传》

　　奉车都尉班伯陪着汉成帝刘骜在金华殿学习了几年后，汉成帝逐渐没有了兴致，讲学的活动被迫中断。

　　随后，汉成帝便安排班伯出宫居住，给他在京师长安购置了一处大宅子，周围住的都是皇太后王政君（汉成帝的母亲）家族、恭哀皇后许平君（汉成帝的祖母）家族的后辈子弟。

　　虽然都是皇亲国戚，但班伯和王、许两家的贵公子们根本聊不到一块，他们中的很多人，整天就知道挥霍享乐，不思进取，完全就是一帮纨绔之徒。

　　班伯的家养让他不甘堕落，由于从小在北方长大，他的性

情慷慨豪迈，一直想着到塞外建功立业。

于是，班伯在府里阅读诗书，苦练骑射之余，还多次上书，请求汉成帝派他出使匈奴。

西汉河平二年（公元前 27 年），机会终于来了。

当时，匈奴单于请求到京师长安朝见天子，朝廷需要派一位使者，汉成帝一下子就想到了班伯，命他持符节在塞下迎接匈奴单于。

班伯立即领命，带上随从快马加鞭就往塞下赶去。

这时，恰逢定襄（今山西省定襄县）一带的石氏、李氏两大家族，因私人之间的仇恨而报复杀人，官府派人来抓捕凶手，调查真相，他们竟然还杀死了负责追捕的官吏，当地官员无所作为，让老百姓非常失望，也造成了特别恶劣的影响。

班伯正好路过定襄，了解到这个情况后，他决心要把凶手绳之以法，于是中途上书汉成帝，表示自己愿意暂时担任定襄太守一个月，来解决这起棘手的案子。

汉成帝也为这件事情头疼，见班伯主动请缨，就同意了他的建议，并派遣安平侯、侍中中郎将王舜赶往塞下，代替班伯去迎接匈奴单于，同时还要求王舜带上玺书、印绶，就地任命班伯为定襄太守。

班伯愉快地接受了任命，带着随从进入定襄太守官衙，可定襄人却犯起了嘀咕，甚至很多人心里打鼓，感觉事情会变得更复杂。

班伯为什么会给当地人这么个印象呢？罗列一下，大概有三个关键点：

其一，班伯当时年纪不大，还是个年轻人，从来没有地方任职经验，他难道有特异功能吗？

其二，班伯是汉成帝宠妃班婕妤的亲兄弟，地位非常尊贵，放着京城的舒服日子不过，来这边塞地区做甚？

其三，班伯还是自己主动要求来接手这么复杂的局面，他能有什么好办法呢？万一来个"新官上任三把火"，直接动用威刑折腾下属和老百姓，大家不都得跟着遭殃？

于是，州郡官吏和老百姓都过得战战兢兢，生怕一个不小心，就被官差抓走讯问。

可让人们大跌眼镜的是，班伯在府里待了半个月，不但没有搞限期抓人的大动作，反而整天忙着宴请当地名流，以及和他的父祖辈有交情的老朋友。

班伯就像子孙服侍长辈一样，把这些人都请到定襄当地有名的大酒楼，每天好酒好菜轮流上，压根不提那起案子，只管聊感情问民俗。

这种操作大家都没见过，不过当地人的担惊受怕没了，开始转变为大失所望，他们觉得班伯这个公子哥简直徒有其表，根本不是办实事的料，郡中的秩序也变得更加混乱。

可班伯并不理会外界的杂音，还是继续每天宴请四方。

时间长了，那些被班伯赤诚相待的定襄当地名流和豪杰之士，都很感激他的大手笔流水席，于是在一次酒醉之后，他们举杯对班伯说道："班公子舍弃京城的繁华，来到我们定襄，想要造福一方，是我们的福分。现在每天接受你的馈赠，却没能做一点事情，实在是愧疚得很。这些贼人已经犯案有段时间了，我们认为你应当尽快拘捕他们，这样也能树立起威望。我们都在这里生活多年，有一些情况还是比较了解的，愿意为你分忧。"

班伯举杯与大家共饮，施了一个大礼。

接下来，这些人开始把那些盗贼本来打算逃跑、隐藏的地点，事无巨细地告诉了班伯。

班伯马上安排属官，把这些人说的每一条线索都登记下来，直到他们把自己知道的线索全部说完后，班伯才高兴地喊了一句："是所望于父师矣。"

穿越千年，班伯那一刻的喜悦，也是令人动容的：这正是我有求于诸位前辈们的事情啊！

事不宜迟，班伯立刻召集所属各县的官吏，选拔了一批精明能干的人，分成多个队伍去搜捕贼人，一抓一个准，甚至连那些已经躲藏起来的惯犯也没能逃脱。

就这样，仅过了十天，此前犯案的所有逃犯全部被班伯拿获归案。

郡中的老百姓都震惊了，因为这是前几任郡守都没能解决的难题，大家一改之前的各种不屑，纷纷赞许班伯的英明果敢。

班伯对这些人都进行了公开审讯、判决，同时表彰了做出贡献的人。一年后，定襄风气大改，道不拾遗，百姓安于生计，汉成帝龙颜大悦，下诏命班伯回朝任职。

接到诏书后，定襄人都不舍得班伯离开，班伯也想借此机会回家乡一趟。

于是，班伯又给汉成帝上书，表示自己想在回京途中，绕道故乡楼烦，到祖坟前进行祭奠。

汉成帝有感于班伯忠孝难得，不仅同意了他的请求，还下诏要求楼烦当地太守都尉以下官吏，都要去迎接班伯。

这下，班伯可是真正的衣锦还乡了！他来到楼烦，面对班壹、班孺等列祖列宗的墓碑，感慨万千。

之后，班伯又挨个拜访当地的班氏宗族成员，并按照每个人的亲疏远近，给予他们不同的厚待，前后一共散去数百金。

班伯智擒盗贼和衣锦还乡的事迹传开后，北方州郡人士都以此为荣，一些地方上有名望的人，还把这些事记录了下来，以便留给后人传颂。

班伯在故乡楼烦转了一圈后，心愿已了，于是继续赶路回京，却不幸在半路上患了中风，整个人一下子垮了下来。

到达京师长安以后，汉成帝下诏命班伯以侍中光禄大夫的待遇在府中养病，还给了他非常丰厚的赏赐。

此后几年，由于班伯的身体状况时好时坏，一直未能被再次起用。

与班伯出京风光了一趟不同，二弟班斿则留在汉成帝身边，得到了很多王侯都没有的殊遇。

第三节　班斿：天子赐书，后人珍视

上器其能，赐以秘书之副。

——《汉书·叙传》

不绁圣人之罔，不嗅骄君之饵，荡然肆志，谈者不得而名焉，故可贵也。

——班嗣

班斿喜欢钻研学识，在议郎任上，他经常把自己理解的典籍心得与京城学者交流，并积极参与名家讨论，引来汉成帝刘骜的瞩目。

汉成帝很快提升班斿为谏大夫、右曹中郎将，与光禄大夫刘向一起，负责典校皇宫中秘藏书。

这个新差事对班斿来说，简直就是如鱼得水，他很享受校书的过程，何况还是民间根本就看不到的书。

汉成帝对皇宫校书非常重视，班斿也得以常常受诏，进宫向汉成帝上奏校书的进展，有时还要在汉成帝面前读书。

班斿的才能得到充分展示，汉成帝非常器重，一个高兴就把中秘之书的副本赏赐给了他。

这种书有多珍贵呢？可能对我们现代人来说，去图书馆借书、书店里买书，都是很稀松平常的事情，但在西汉时期，皇宫中收藏的典籍，一般是不能出示给其他人看的。

同一时期，东平王刘宇也曾开口向汉成帝借书，结果如何呢？大家来感受一下这种差别对待：

先交代一下东平王的身份，此人是汉宣帝刘询的第四个儿子，汉元帝刘奭的异母弟弟，汉成帝的叔叔，身份不可谓不显赫。

有一次，东平王进京朝见汉成帝时，上书问侄子求取春秋诸子著述及《太史公书》，想拿回东平国去学习研究。

面对叔叔的追求上进，汉成帝犹豫了，他没有直接作决定，而是把此事说给元舅阳平侯、大司马、大将军、领尚书事王凤，想听听他的意见。

王凤听说刘宇要借的是春秋诸子著述及《太史公书》等中

秘藏书，一下子就收不住了：

　　　臣闻诸侯朝聘，考文章，正法度，非礼不言。今东平
　　王幸得来朝，不思制节谨度，以防危失，而求诸书，非朝
　　聘之义也。诸子书或反经术，非圣人；或明鬼神，信物怪；
　　《太史公书》有战国纵横权谲之谋，汉兴之初谋臣奇策，天
　　官灾异，地形厄塞：皆不宜在诸侯王。不可予。不许之辞
　　宜曰："《五经》圣人所制，万事靡不毕载。王审乐道，傅
　　相皆儒者，旦夕讲诵，足以正身虞意。夫小辩破义，小道
　　不通，致远恐泥，皆不足以留意。诸益于经术者，不爱
　　于王。"

　　一般来说，如果诚心想借，痛痛快快就答应了，汉成帝绕
了这么个圈子，王凤自然也是心知肚明的，所以王凤表达的意
思就是：诸侯王进京朝拜天子，应该遵守法度，不能提任何逾
越礼制的要求，春秋诸子著述很多都与儒家不一致，《太史公
书》里则有不少权谋战术，更有对地形要塞的分析，这些书都

不应该给诸侯王看。拒绝东平王吧，让他回去召集东平国的傅相，每天念诵《诗经》《尚书》《礼记》《周易》《春秋》等儒家典籍就可以了。

汉成帝本来就不想借，便借王凤的话，顺水推舟拒绝了东平王借书的请求。

由此可见，班游能得到中秘之书的副本，是多么荣耀的事情。

班游也没有让汉成帝失望，他得到赐书后，不仅自己做学问的时候认真研读，还把它们的精要讲解给班氏后辈。

遗憾的是，班游年纪轻轻地就得了急病过世，时人都很惋惜。

班游把汉成帝的赐书传给了儿子班嗣，班嗣从小在父亲的耳濡目染下，也成了一名饱学之士，在士人中名望很高。

当时，很多好学之士不惜跋山涉水，大老远地慕名来到班府，目的就是看看班嗣手中的皇帝赐书。

班嗣一般都很热情地跟他们谈论、交流，但他对父亲留下的这套皇帝赐书非常珍惜，在借与不借的问题上有自己的判断。

有一次，桓生从千里之外赶到班府，和班嗣宾主交谈一番后，提出想借阅那套皇帝赐书，班嗣摇了摇头，在回答时表明了自己的心志：

> 若夫严子者，绝圣弃智，修生保真，清虚淡泊，归之自然，独师友造化，而不为世俗所役者也。渔钓于一壑，则万物不奸其志，栖迟于一丘，则天下不易其乐。不绁圣人之罔，不嗅骄君之饵，荡然肆志，谈者不得而名焉，故可贵也。今吾子已贯仁谊之羁绊，系名声之缰锁，伏周、孔之轨躅，驰颜、闵之极挚，既系挛于世教矣，何用大道为自炫耀？昔有学步于邯郸者，曾未得其仿佛，又复失其故步，遂匍匐而归耳！恐似此类，故不进。

班嗣洋洋洒洒说了这么一大堆，其实和当年汉成帝拒绝叔叔东平王刘宇一样，就是不想借给桓生：像庄子那样的人，就是无拘无束、闲云野鹤；现在你已经学习儒学多年，有了很多世俗的牵绊，没必要再来看老子和庄子的书，要不然学不到根本，反而忘了自己以前学的东西，所以我就不借给你了，免得耽误你啊。

这里其实有一点特别，虽然班家主要是儒学渊源，但班嗣看重的却是老庄思想，所以桓生这个一心向儒的学子，即使再想要上进，班嗣也不可能借给他，毕竟话不投机半句多。

随着时间的推移，汉成帝越发纵情酒色，后宫里的班婕妤遭遇了其他嫔妃争宠的危机，班氏一族迎来了新的挑战。

第四章
宫斗加剧，
班家退避保身

班婕妤：飞燕姐妹人宫，
险遭构陷

班婕妤：长信宫内寂寞，
吟诗作赋自伤

班伯：装病避锋芒，
直言劝谏获信

班稚：回避太子之议，哀
帝即位贬斥

班婕妤：为成帝守陵，凄
然病逝留《捣素赋》

班稚：王莽掌权，
急流勇退保平安

第一节　班婕妤：飞燕姐妹入宫，险遭构陷

　　鸿嘉三年，赵飞燕谮告许皇后、班婕妤挟媚道，祝诅后宫，罟及主上。

　　　　——《汉书·卷九十七下·外戚传第六十七下》

　　赵氏姊弟骄妒，婕妤恐久见危，求共养太后长信宫，上许焉。

　　　　——《汉书·卷九十七下·外戚传第六十七下》

　　班婕妤入宫以来，她的蕙质兰心，得到了汉成帝刘骜的宠幸，再加上皇太后王政君的肯定，班婕妤在后宫如鱼得水。

　　但她没有多琢磨如何留住汉成帝的人，而是更加注重提升自己的品行修养，希望通过自己的努力，使汉成帝成为一个贤明的帝王。

　　然而，妾有意，郎无心，班婕妤虽然具备了樊姬的美德，

汉成帝却没有楚庄王熊旅奋发图强的雄心，只是沉湎于酒色。

西汉鸿嘉元年（公元前 20 年）以后，汉成帝越来越无心处理朝政，大部分精力都投入到后宫众多年轻貌美的嫔妃怀里，班婕妤受到了冷落，很久都没有得到汉成帝的召见。

不过，班婕妤并没有抱怨汉成帝的薄情，而是担心他因沉迷酒色耽误国事，为此忧心忡忡。

思虑多日，班婕妤觉得自己的随身侍女李平，正值青春年华，美丽聪颖，认为她可以代替自己服侍汉成帝，同时还能对皇帝有所劝谏，就找了个机会，将李平推荐给了汉成帝。

汉成帝对美女自然是来者不拒，一见到清丽脱俗的少女李平，他感激地看了看昔日的爱妃班婕妤，便带着李平去了寝宫，魂都飞走了。

和班婕妤预测的一样，李平很快得到了汉成帝的宠幸，并被封为婕妤。

不仅如此，正在兴头上的汉成帝，还对李平说了这么一句话："始卫皇后亦从微起。"

这句话理解起来很容易，就是说过去的卫皇后也是出身微贱。

那么，这位被汉成帝拿来比拟李平的卫皇后，又是何方神圣呢？

卫皇后是我国历史上的一位传奇女子，她是汉武帝刘彻的第二任皇后卫子夫。

卫子夫的出身极其卑贱，她原本只是汉武帝姐姐平阳公主的歌姬，汉武帝到平阳公主家做客，偶然看到卫子夫后，便惊为天人，平阳公主也乐得做顺水人情，把卫子夫送给了汉武帝。

西汉建元二年（公元前 139 年），汉武帝将卫子夫接入后宫，对她非常宠爱。

西汉建元三年（公元前 138 年），汉武帝封卫子夫为夫人，但这只是一个开始。

西汉元朔元年（公元前 128 年），汉武帝更是把卫子夫立为皇后，从此稳居皇后之位三十八年，死后谥号为"思"，是我国历史上第一位拥有独立谥号的皇后。

看汉成帝这意思，爱妃李平也是有机会当皇后的，而且他还有行动，就是赐李平姓"卫"，所以后世就将李平称为"卫婕好"。

卫婕好一下子成为后宫瞩目的焦点，毕竟汉成帝的小心思，大家都看出来了。

然而，给卫婕好道喜的人刚出了前门，紧接着她就被汉成帝冷落，被召见的次数越来越少。

而在汉成帝的下一场艳遇中，不仅卫婕好的皇后梦彻底中断，班婕好的命运更是迎来重大考验。

西汉鸿嘉三年（公元前18年），汉成帝在一次微服出行中，路过阳阿公主府上，阳阿公主便把养在府中的歌姬全都叫出来，让她们尽情地表演歌舞，来取悦汉成帝。

和汉武帝的故事如出一辙，汉成帝一眼就看中了非常美艳的赵飞燕，被她的超高颜值和绝妙舞姿深深吸引。

阳阿公主自然也看懂了汉成帝的心思，皇帝回宫前，她把赵飞燕直接送给了汉成帝。

汉成帝立即将赵飞燕接入宫中，发现她和其他嫔妃不同，更加妖媚动人，于是大加宠幸。

后来，汉成帝听说赵飞燕还有一个妹妹赵合德，不仅长得特别漂亮，而且温柔多情，连赵飞燕也自愧不如，就赶忙下令招入宫中，一见到赵合德，汉成帝就知道是自己喜欢的样子，对她也特别宠幸。

就这样，赵氏姐妹在后宫的地位"蹭蹭蹭"往上涨，很快"俱为婕妤，贵倾后宫"，汉成帝根本不顾礼制的约束，对赵氏姐妹的宠爱无以复加，比以前任何一位得宠的嫔妃都要厉害得多。

由于汉成帝把所有的心思都放在了赵氏姐妹身上，班婕妤和许皇后都失去了宠幸，已经基本上没有与汉成帝见面的机会，直接坠入了冷宫。

班婕妤有些许失落，但她没有把时间浪费在空相思上，而是集中精力用来读书、写字，把愁绪埋在了心头。

可许皇后却很不甘心，她的出身更加显赫，父亲是平恩侯、大司马、车骑将军许嘉，堂姑则是汉成帝的祖母恭哀皇后许平君，因此，按辈分来讲，许皇后还是汉成帝的姨母。

虽然许皇后和汉成帝的隔辈婚姻，是汉成帝的父亲、汉元帝刘奭为了补偿自己早年丧母之痛而一力促成的，但他们俩年龄相若，共同走过了汉成帝登基前的岁月，感情非常好。

汉成帝登基后，许皇后宠冠后宫十数年，后来因许皇后所生的一子一女都没能活下来，皇太后王政君和王氏外戚担心汉成帝没有子嗣，要求汉成帝宠幸更多的嫔妃，以便播撒龙种，许皇后得到的宠爱才慢慢减少，但汉成帝对她的感情还在，经常和她一起吃饭。

可这次赵氏姐妹进宫后，汉成帝完全变成了陌路人，尤其是赵氏姐妹飞扬跋扈的做派，让许皇后既看不惯，又感到自身皇后的地位受到了威胁。

许皇后的怨气无处发泄，正巧她的姐姐、平安刚侯夫人许谒在入宫觐见时，得知如此情状后，便想为妹妹出口气，于是和几个贵妇人一起，每天设坛诅咒赵氏姐妹、怀有身孕的王美人和阳平侯、大司马、大将军、领尚书事王凤等人。

事情败露后，王太后大怒，将许谒等人投入监狱严刑拷问。

赵氏姐妹也抓住这次机会，她们知道以汉成帝的好色本性，目前得到的宠幸只能维持一时，以后还会有更年轻、更漂亮的女人来取代她们，唯有彻底确立自己在后宫中的至高地位，才是最根本的保障。

于是，赵氏姐妹开始狂吹枕边风，在汉成帝身边故意哭哭啼啼，诬陷许皇后不仅诅咒她们姐妹俩没好果子吃，还咒骂汉成帝。

王太后因许谒等人诅咒王氏族人，咽不下这口气，汉成帝则色欲熏心，想要为赵氏姐妹出头，教训人老珠黄的原配妻子许皇后。

最终，王太后和汉成帝取得了共识，许谒等人被处死，许氏亲属都被遣回他们的封邑山阳。

许皇后也很快被废黜，退居昭台宫，一年之后，又从昭台宫迁到长定宫居住，彻底进了冷宫，世称长定贵人。

许皇后栽了，赵氏姐妹还不甘心，她们想着一箭双雕，就把班婕妤也拉了进来，诬陷她也参与了许皇后等人的诅咒行动。

汉成帝刚开始不相信，他觉得班婕妤明理有节制，不是那种善妒的女人，但禁不住赵氏姐妹一再泼脏水，就把班婕妤召来质问。

班婕妤已经很久没见这个曾经深爱自己的男人，面对汉成帝凭空的责骂，她没有在这么尴尬的情况下失态，而是从容不迫地对汉成帝说道：

妾闻"死生有命，富贵在天"。修正尚未蒙福，为邪欲以何望？使鬼神有知，不受不臣之诉；如其无知，诉之何益？故不为也。

班婕妤这番话是说：我听说"人的寿命长短是命中注定的，贫富也是由上天决定的，这些都不是人力所能改变的"。善良正直的人尚且没能得到福分，做这些邪恶之事的还有什么希望呢？如果鬼神能够收到人间的讯息，他们不会接受这种丧失人臣之礼的祷告；如果神明根本就不知情，向他们祷告也是没有用的啊。所以我不会做这种事。

班婕妤把左右两边的话都说了，她的态度也是很明确的，汉成帝被打动，给班婕妤赐座休息。

汉成帝又想起了以前两人的恩爱场景，更是一阵心疼，他不仅没有继续追究班婕妤，反而还赏赐给她黄金百斤，以弥补心中的愧疚。

虽然班婕妤躲过了这一劫，但赵氏姐妹却仗着汉成帝的宠幸，继续疯狂排斥其他嫔妃，后宫的形势越来越危险。

班婕妤知道赵氏姐妹不会放过她，也完全没有实力与她们争宠，担心时间长了，会为她们所害，为免今后的是是非非，班婕妤决定急流勇退，明哲保身，就写了一篇奏章，自请前往长信宫侍奉王太后。

当时，汉成帝已经不理朝政多年，王太后所在的王氏家族权倾朝野，班婕妤这么做，也是想把自己置于王太后的羽翼之下，这样就不用担心赵氏姐妹的陷害了。

接过班婕妤的奏章后，汉成帝还在想着赵氏姐妹的温存，他没有一丝留恋，就直接同意了班婕妤的离开。

也许在他眼里，让这个曾经心爱的女人陪着自己的母亲，也是一个比较好的归宿。

此后，班婕妤便搬到长信宫居住，每天除了陪侍王太后烧香祈祷之外，就只能一个人待在深宫中打发时间，不仅再也见不到自己的丈夫汉成帝，也没有了生育子女的机会。

班婕妤在宫中地位的断崖式下跌，也折射到了宫外的班氏家族成员，班伯的遭遇就是典型。

第二节 班伯：装病避锋芒，直言劝谏获信

> 会许皇后废，班婕妤供养东宫，进侍者李平为婕妤，而赵飞燕为皇后，伯遂称笃。
>
> ——《汉书·叙传》

> 吾久不见班生，今日复闻谠言！
>
> ——汉成帝刘骜

以侍中光禄大夫的身份休养多年后，班伯的身体已经大为好转，他早就想复出，实现自己更多的抱负。

然而，来自后宫里的一条条线报，却让他不敢迈出府门一步：自家姐妹班婕妤深陷宫斗旋涡，差点死于非命，只能自请前往皇太后王政君所在的长信宫避祸，提前走进冷宫。

赵飞燕、赵合德姐妹却受到汉成帝刘骜的万般恩宠，赵氏族人也开始在宫外耀武扬威。班伯思量再三，决定采取最保险

的办法，那就是继续躲在家中"养病"。

可让班伯没想到的是，汉成帝还记得他这个伴读金华殿、智勇平定襄的国舅。

有一天，汉成帝一时兴起，突然发现已经很久没见班伯了，想想班伯已经病休多年，就临时决定出宫去探望他。

看到汉成帝的御驾亲临府邸，班伯也是早有准备，面对汉成帝的亲切慰问，虽然有两位贴身侍女搀扶着，他还是"没能从床上爬起来"。

汉成帝免了班伯的叩拜之礼，想跟他叙叙旧，却发现班伯泪水、口水流得到处都是，还是咿咿呀呀说不出一句完整的话。

汉成帝看着昔日意气风发的同伴，如今却成了这个样子，伤心不已。

临走之前，汉成帝嘱咐班府上下好好看护班伯，同时对班伯说了这么一句意味深长的话："朕要延揽大汉名医，一定把你的病治好！你答应朕，一旦病情好转，能够下地走路的时候，就赶快回朝处理政事。"

班伯茫然地看着汉成帝，浑身抖得不成人形，汉成帝只能掩面出府回宫。

确定汉成帝一行走远后，班伯恢复了正常，他的内心非常惶恐，担心装病的事情被拆穿后，会引来更大的麻烦，没过几天，就假装拖着腿恢复上朝了。

不过，这个时候的朝廷风气，也已经发生了变化。

自从西汉阳朔三年（公元前 22 年）八月，汉成帝的元舅，执掌朝政多年的阳平侯、大司马、大将军、领尚书事王凤去世后，富平侯张放、定陵侯淳于长等人，就开始受到汉成帝的恩宠，富平侯张放更是因长相俊俏，唇红齿白，与汉成帝关系暧昧。

那么，汉成帝对富平侯张放、定陵侯淳于长等人的特殊待遇，到了什么程度呢？

如果汉成帝微服出行，富平侯张放、定陵侯淳于长等人就跟着皇帝同坐一辆车，一起握着马的缰绳驰骋；

如果富平侯张放、定陵侯淳于长等人受传召到皇宫中，汉成帝就一定会设宴饮酒，与众多嫔妃和侍中一起狂饮，大声谈笑纵情高歌。

由于班伯刚刚被起用，汉成帝非常关心他，和富平侯张放、定陵侯淳于长等人出去的时候，也带上了班伯。

而在汉成帝和富平侯张放、定陵侯淳于长等人乘坐的车帐中，放着一张有图画的屏风，上面赫然画着的竟然是商朝末代国君纣醉靠宠妃妲己，通宵寻欢作乐。

汉成帝有心找班伯说话，就回过头来指着那幅画，问了班伯这么一句："纣为无道，至于是乎？"

看来，汉成帝不是一个尽信书的人，又或者说他揣着明白装糊涂：商朝的末代国君纣无道，能到这个地步吗？

富平侯张放、定陵侯淳于长等人面面相觑，班伯也愣了一下，但还是很快答了一句："《书》云'乃用妇人之言'，何有踞肆于朝？所谓众恶归之，不如是之甚者也。"

班伯不愧是经学深厚，引经据典之余，还是那枚耿直少年：《尚书》上说过"商纣于是听用了妇人的言语"，否则哪里会在朝廷上放纵这样的行为呢？就算是把所有的恶行都归结到一起，也没有比这更过分的了。

汉成帝以前没有听过这样的话，富平侯张放、定陵侯淳于

长等人只会哄他开心，就又问了班伯一句："苟不若此，此图
何戒？"

　　显然，汉成帝对班伯的回答是不甘心的：如果不是这样，
"商纣醉靠妲己通宵寻欢作乐"的这张画，告诫后人的又是什
么呢？

　　富平侯张放、定陵侯淳于长等人更紧张了，偷偷给班伯使
眼色，暗示他不要说太多，班伯顿了一下，鼓足中气说出了自
己心底的话："'沉湎于酒'，微子所以告去也；'式号式呼'，《大
雅》所以流连也。《诗》《书》淫乱之戒，其原皆在于酒。"

　　听了班伯的话，富平侯张放、定陵侯淳于长等人脸都绿了，
班伯引用的典故更多，说得也更明确了："商纣沉湎于酒色之中，
是他的庶兄微子离国远去的原因；因为酗酒礼仪举止什么都不
顾了，这就是《大雅》里所要表达的。《诗经》《尚书》里所诫
止的淫乱恶行，究其本源都在于饮酒啊。"

　　以班伯的信息源，他是知道汉成帝和富平侯张放、定陵侯
淳于长等人纵酒享乐的荒唐事的，但以他的性格，更不允许遮
遮掩掩，信口胡言，所以班伯还是当着所有人的面，直言不讳

地告诉了汉成帝。

汉成帝听了班伯的回答，也是一个激灵，他已经太久没听到这样真的劝谏了。

过了好一会儿，汉成帝才长叹了一口气，又说了这么一句话："吾久不见班生，今日复闻谠言！"

汉成帝感慨啊，他也算糊涂多年了：朕已经很久没有见到班伯你了，今天和你交谈，朕又一次听到了正直的声音！

汉成帝直接肯定了班伯的忠言相劝，还表达了对他的想念，君臣又是相对唏嘘。

富平侯张放、定陵侯淳于长等人听到汉成帝的表态，冷汗哗哗地流，虽然班伯没有指名道姓，但实际上针对的就是他们。

于是，富平侯张放、定陵侯淳于长等人很快便以上厕所为借口，偷偷出宫回府了。

正巧长信宫中有人经过，耳闻目睹了班伯和汉成帝之间的君臣对答，并把情况全部都汇报给了王太后。

王太后听完后，对班伯的忠言直谏非常欣赏，同时对儿子汉成帝和富平侯张放、定陵侯淳于长等人走得太近更加反感了。

隔了一段时间，汉成帝到长信宫朝见王太后，娘俩儿还没说几句话，王太后突然情绪就上来了，她哭泣着说道："帝间颜色瘦黑，班侍中本大将军所举，宜宠异之，益求其比，以辅圣德。宜遣富平侯且就国。"

　　王太后是政坛老手，说话很有讲究，表达了三层核心意见：

　　其一，皇上这段时间面容消瘦，脸色发黑，这不是什么好现象，要保重龙体啊；

　　其二，侍中班伯本来就是阳平侯、大司马、大将军、领尚书事王凤推举给你的，你应当对他宠爱有加，使他与你能够更加亲近，以便更好地辅佐圣上；

　　其三，富平侯张放这个人就知道喝酒玩乐，充其量就是个白面小生，你应当把他逐出京师，让他返回自己的封地去。

　　汉成帝知道王太后说得在理，也不好反驳，就都答应了下来。

　　接替王凤执掌朝政的安阳侯、大司马、车骑将军王音得知道这一消息后，立即暗示丞相、御史等大臣，上书言明富平侯张放的罪过，要求处分。

汉成帝迫于内外压力，不得不放逐富平侯张放为边都尉。

可没过多久，汉成帝就开始想念富平侯张放，于是就又把他征召入朝。

王太后听说富平侯张放又回来了，气不打一处来，就给汉成帝写了一封信，其中有这么一句话："前所道尚未效，富平侯反复来，其能默乎？"

王太后的话虽然少，但震慑力很强：之前我所讲的皇上你要保重身体、亲近班伯这样的良臣，这两件事还没有实质性的进展，现在富平侯张放却又被你征召入朝了，这种情况我怎么能默然不语呢？

汉成帝不敢怠慢，于是向王太后谢罪道："请允许我现在执行您的意旨。"

当时，汉成帝以前的老师许商为少府，师丹为光禄勋，汉成帝就把他们两人都提拔为光禄大夫，班伯也被升迁为水衡都尉，和许商、师丹两位帝师一起担任侍中，他们的俸禄都为两千石，属于朝廷大员。

汉成帝也开始器重班伯，每次去长信宫朝见王太后，都会带着班伯一起去；朝中有了大政方针，也会派班伯去向公卿大臣宣示。

潜移默化之间，汉成帝也逐渐厌倦了游乐宴饮，重新开始学习经书，王太后看到这一切，非常高兴。

这时，丞相翟方进再次上奏富平侯张放的罪过，汉成帝不得已，将富平侯张放朝中职务全部免除，赐钱五百万，再次把他遣送回封国。

朝野上下都认为班伯会得到更大的重用，可就在这时，班伯却突然病逝，这让所有人都感到惋惜。

身处长信宫内的班婕妤更加痛惜兄弟班伯的英年早逝，但她对自己的境况更是涕泪涟涟。

第三节　班婕妤：长信宫内寂寞，吟诗作赋自伤

白日忽已移光兮，遂暗莫而昧幽，犹被覆载之厚德兮，不废捐于罪邮。

——班婕妤《自悼赋》

常恐秋节至，凉意夺炎热。弃捐箧笥中，恩情中道绝。

——班婕妤《团扇歌》

兄弟班伯去世的消息传到长信宫时，班婕妤根本不敢相信，她放下手中那本已经卷边了的经书，木然地向身边的宫女们示意她们离开房间，自己安静一会儿。

随后，班婕妤走向内室，扑倒在闺床上大哭起来，她想起了小时候的童真，一起玩一起闹；想起了进宫前的墨香，一起读一起谈；想起了进宫后为数不多的几次见面，班伯总是一脸的英气，看着特别踏实……

过了一会儿，班婕妤哭累了，随手拿起枕边的小铜镜，看到了一张面无血色、妆彻底花掉的脸，掩饰不住的憔悴和无神，让班婕妤再次感伤起来，眼泪又止不住地流。

这一次，她是痛惜自己的大好年华，却只能在落寞无望中慢慢枯萎，一天天老去，黯淡无光。

"娘娘，这都几个时辰了啊，别哭坏了身子，太后送了你最喜欢吃的软芝饼，沐莲已经准备好啦！"

循着声音，走进来一个标致清新的女子，她把盛有软芝饼的盘子放在桌上，走到床边轻轻扶起了班婕妤。

"沐莲，我真的吃不下，这么多年了你应该了解我，今天真的特别难受。"班婕妤还是一脸凄楚，对着沐莲说道。

这沐莲是班婕妤刚进宫的时候就跟在她身边的宫女，从班婕妤得宠最风光的时候，到不得不避居长信宫，沐莲也是唯一一个跟着过来的，她知道班婕妤又在暗自神伤了。

"娘娘，我何尝不知道你的痛处，只是生死有命，我们也只能祈祷他在另一个世界得到解脱。你也不要为自己难受，把身体养好了，说不定哪天皇上又想起娘娘了呢？而且太后特意嘱托我，要让娘娘赶紧尝尝鲜。"

沐莲边笑着，边把班婕妤扶起坐在床边，然后去拿了软芝饼喂给班婕妤，班婕妤吃了一口，苦笑着说："好好好，那我就听太后的旨意，吃嘛。"

几块饼下肚，班婕妤吃饱了，但身体确实倦了，沐莲把她安顿好，便关好宫门出去了。

但班婕妤的悲伤一下子抹不去，过了几天，望着窗外盛开的鲜花朵朵，被高高的宫墙完全封闭起来，想起自己这些年来流逝的年华，班婕妤挥笔写下了一篇《自悼赋》：

承祖考之遗德兮，何性命之淑灵，登薄躯于宫阙兮，充下陈于后庭。蒙圣皇之渥惠兮，当日月之盛明，扬光烈之翕赫兮，奉隆宠于增成。既过幸于非位兮，窃庶几乎嘉时，每寤寐而累息兮，申佩离以自思，陈女图以镜监兮，顾女史而问诗。悲晨妇之作戒兮，哀褒、阎之为邮；美皇、英之女虞兮，荣任、姒之母周。虽愚陋其靡及兮，敢舍心而忘兹？历年岁而悼惧兮，闵蕃华之不滋。痛阳禄与柘馆兮，仍襁褓而离灾。岂妾人之殃咎兮，将天命之不可求。

白日忽已移光兮，遂暗莫而昧幽，犹被覆载之厚德兮，不废捐于罪邮。奉共养于东宫兮，托长信之末流，共洒扫于帷幄兮，永终死以为期。愿归骨于山足兮，依松柏之余休。

重曰："潜玄宫兮幽以清，应门闭兮禁闼扃。华殿尘兮玉阶苔，中庭萋兮绿草生。广室阴兮帷幄暗，房栊虚兮风泠泠。感帷裳兮发红罗，纷绎绎兮纨素声。神眇眇兮密靓处，君不御兮谁为荣？俯视兮丹墀，思君兮履綦。仰视兮云屋，双涕兮横流。顾左右兮和颜，酌羽觞兮销忧。惟人生兮一世，忽一过兮若浮。已独享兮高明，处生民兮极休。勉虞精兮极乐，与福禄兮无期。绿衣兮白华，自古兮有之。"

在这篇文采飞扬的《自悼赋》中，班婕妤回顾了自己初入宫时，得到皇帝宠幸的喜悦；也提到了赵飞燕姐妹入宫得宠后，汉成帝刘骜的恩宠不再，她只好选择退隐到皇太后王政君居住的长信宫，来躲避赵飞燕姐妹可能带来的陷害。

在这篇赋里，班婕妤把退居后的悲苦心情，生动而传神地写了出来，同时也表达了她对汉成帝"白日移光"的绵绵怨恨。

不过，班婕妤还是有着一个念头，那就是汉成帝有朝一日还能再想起她，至少来长信宫探视王太后的时候，能够顺便过来看看她也好。

然而，现实还是给了班婕妤重重一击。

自西汉鸿嘉三年（公元前18年）许皇后被废之后，皇后之位空缺了两年，赵飞燕、赵合德姐妹在将后宫明显的潜在对手全部打压后，开始不断地给汉成帝灌迷魂汤，要求他册立赵飞燕为皇后。

汉成帝刚开始还在犹豫，因为册立皇后，需要王太后和朝廷大臣们一致同意才可以，赵飞燕的出身太过低微，而得势后又太高调，很难得到其他人的认同。

但汉成帝实在招架不住赵氏姐妹的逼宫，最终向赵飞燕承诺，一定要册立她为皇后。

有一天，趁着王太后的心情不错，汉成帝趁机提出了册立赵飞燕为皇后的想法，王太后听后，只说了一句话："赵氏非侯门之女，且出身过于苦寒，与礼制不符，不宜册立为后。"

王太后转身没有再说一句话，汉成帝知道，母后对赵飞燕的意见还很大，就赶紧扯了别的话题来哄她开心。

后来，支持赵飞燕的大臣给汉成帝献了一计，只谓"父凭女贵"，但也可以"女凭父贵"啊！

汉成帝心领神会，很快册封赵飞燕的父亲赵临为成阳侯，由此，赵飞燕成了侯门之女，自然也就具备了登上皇后宝座的资格。

西汉永始元年（公元前16年），汉成帝册立赵飞燕为皇后，同时晋封赵合德为昭仪，大赦天下。

虽然沐莲尽量封堵了这一消息，但班婕妤还是知道了，她默默不语，回到内室昏昏沉睡，任凭眼泪簌簌流下。

班婕妤知道，此生她与汉成帝缘分已尽，自己以后只能困守在长信宫内了。

沐莲每天从宫里搜集一些有趣的事情，讲给班婕妤听，企图让她心情好起来，但班婕妤内心的苦楚却无法排除。

转眼又到了秋天，宫女们将夏天用来取凉的团扇收集起来，以备第二年的夏天再用。

班婕妤看着一把把被堆放在一起的团扇，越发感到自己的命运仿佛就是秋天被弃的团扇，孤独寂寞又无处排解，于是又提笔写下一首《团扇歌》：

新制齐纨素，皎洁如霜雪。

裁作合欢扇，团圆似明月。

出入君怀袖，动摇微风发。

常恐秋节至，凉意夺炎热。

弃捐箧笥中，恩情中道绝。

在这首五言诗中，班婕妤表面上写的是一把制作精美的团扇，在短暂的夏天结束后，不得不接受被搁置在箱匣中的命运，实际上却是她借团扇自伤。

班婕妤知道，自己的青春美貌随着时光流逝，现在就如秋后的团扇，再也得不到汉成帝的怜爱了，哀怨之情充斥字里行间，让人可怜可叹。

此后，历代文人有感于班婕妤的不幸遭遇，团扇几乎成为红颜薄命、佳人失势的象征，而"秋凉团扇"作为后世描写女子失宠的典故，又称"班女扇"。

而赵氏姐妹尽管得到了汉成帝的专宠，却十多年来一直没能怀孕生子，如果其他嫔妃怀孕，赵氏姐妹也会想办法除掉襁褓中的皇子，最终汉成帝一直没有子嗣。

于是，围绕着未来皇位继承人的问题，宗室贵族和朝廷大臣之间争论不休，班婕妤仍在朝中为官的兄弟班稚也卷入这一风波之中。

第四节 班稚：回避太子之议，哀帝即位贬斥

> 定陶王帝弟之子，《礼》曰："昆弟之子犹子也"，"为其
> 后者为之子也"，定陶王宜为嗣。
>
> ——翟方进、王根等
>
> 成帝季年，立定陶王为太子，数遣中盾请问近臣，稚独
> 不敢答。
>
> ——《汉书·叙传》

汉成帝刘骜自即位以来，就广延后宫，被他宠幸过的妃嫔
不计其数，然而，汉成帝却在晚年对自己的皇位继承人犯了难，
因为他没有自己的儿子。

是因为汉成帝没有生育能力吗？当然不是。

许皇后曾先后为汉成帝生下一儿一女，班婕好也曾生有一
子，但都不幸早夭。

许皇后、班婕妤等人失宠后，女官曹伟能曾怀上了汉成帝的孩子，但她临产时，昭仪赵合德命中黄门田客拿着皇帝的诏书，毒死了曹伟能，将生下的婴儿秘密带走，莫名其妙就消失了。

　　后来，许美人也怀孕了，汉成帝畏惧赵氏姐妹嫉妒，不敢亲自去看望许美人，但他暗中派御医前去探视，还送给许美人三粒名贵的养身丸，以备保胎之用，对这个未来的婴儿充满了期待。

　　许美人生下儿子以后，汉成帝非常高兴，他把许美人母子秘密藏于深宫，企图避开赵氏姐妹的耳目。然而，赵昭仪还是知道了。

　　当天，汉成帝照例来到赵昭仪的寝宫，却发现她坐在床边不发一语，默默垂泪。

　　汉成帝大惊失色，赶忙问是什么原因难过。赵昭仪立马激动起来："陛下已经不爱我了！现在许美人生了儿子，以后她就是皇太后，陛下千秋之后，我和姐姐将无葬身之地！"

　　说罢，赵昭仪开始捶胸顿足，声嘶力竭地哭喊起来，任凭汉成帝如何劝说，她都不理会，只顾一个人大吵大闹。

汉成帝害怕了，赵昭仪可是她最心爱的女人了。剧烈的思想斗争之后，在赵昭仪的命令下，汉成帝派人将他和许美人的儿子抱到赵昭仪的寝宫。

许美人听说汉成帝要看儿子，心中一阵欢喜，再一听是要抱去赵昭仪的寝宫，顿时瘫软在地，面如死灰，"吾儿命休矣，吾儿命休矣！"

看着使者要将儿子抱走，许美人不顾一切地去抢孩子，这使者是赵昭仪的亲信，一把就将许美人推倒在地，恨恨地留下一句："与皇后和昭仪作对，焉能有好下场？！"随后抱着孩子扬长而去。

孩子被抱到赵昭仪的寝宫后，赵昭仪只看了一眼，便哭喊起来："此儿面目可憎，他日若登基为帝，不仅我和姐姐会没命，大汉江山恐怕也难保啊！"

汉成帝看着被赵昭仪吓得哇哇大哭的儿子，一下子心神恍惚起来：我儿是大汉唯一继承人，皇后和昭仪是我最爱的女人，这可如何选择？如果我儿登基将导致天下大乱，留他何用呢？

赵昭仪似乎看出了汉成帝内心的挣扎，突然冲着汉成帝大吼一声："与其苟活几年，落得个惨死，还不如现在死了算了。"

接着就作势往柱子上撞去，汉成帝赶紧冲上去抱住赵昭仪，两人纠缠了好久，才筋疲力尽地坐了下来。

最终，为了证明自己对赵氏姐妹的爱，在赵昭仪的步步紧逼下，汉成帝最终痛下决心，亲手掐死了自己的儿子。

可是，尽管赵氏姐妹得宠十余年，肚皮却一直没有反应，汉成帝的皇位继承人成了非常现实的问题。

西汉元延四年（公元前 9 年），汉成帝的侄子、定陶王刘欣与汉成帝的三弟、中山王刘兴同时入朝，引发轰动。

在此期间，刘欣的祖母、定陶王太后傅氏，多次派人用金银珍宝贿赂汉成帝的宠妃赵昭仪，和汉成帝手握重权的舅舅、曲阳侯、大司马、骠骑将军王根等人，私下请求他们支持册立刘欣为皇太子。

刘欣为什么能成为皇太子的热门人选呢？

首先，刘欣的父亲定陶恭王刘康，是汉成帝的二弟，从小就受到父皇汉元帝的宠爱，而他的母亲傅昭仪又得汉元帝的宠幸，地位非同一般。西汉竟宁元年（公元前33年），汉元帝去世前，还特地交代汉成帝，要给予他高于其他诸侯王的待遇，直到西汉阳朔元年（公元前24年）八月，刘康去世，他都得到了汉成帝的特殊礼遇。

其次，十五岁的定陶王刘欣是汉成帝最大的侄子，品行方面也没有什么大的过失，是汉成帝子侄辈里最合适的人选。

最后，刘欣的祖母、定陶王太后傅氏的长袖善舞，起了作用，赵昭仪与王根等人认为，汉成帝没有儿子已是事实，皇位肯定会旁落他人，事先结交好皇位继承人的有力竞争者刘欣，也是为今后的富贵做长久打算，就纷纷在汉成帝面前竞相称赞刘欣。

然而，中山王刘兴的势力也不容小觑，他是汉成帝唯一在世的弟弟，是宗室王侯中最显赫的，也得到了一批人的支持。

汉成帝拿不定主意，于是召集曲阳侯、大司马、骠骑将军王根，丞相翟方进、御史大夫孔光、右将军廉褒、后将军朱博等人，公开商议皇位继承人的问题。

翟方进、王根等人力挺刘欣，而且言之凿凿："定陶王帝弟之子，《礼》曰：'昆弟之子犹子也''为其后者为之子'，定陶王宜为嗣。"

这里他们搬出了《礼记》，声称同胞弟兄的儿子就好比是自己的儿子，定陶王刘欣作为汉成帝弟弟刘康的儿子，自然也可以被认为是汉成帝的儿子，所以应该定为皇位继承人。

廉褒、朱博等人，也表达了跟翟方进、王根等人差不多的意思，拥护刘欣当皇太子。

孔光等人则引用了《尚书》中记载的"商王无子，兄终弟相继"，认为根据血亲关系，中山王刘兴是先帝汉元帝的儿子，又是汉成帝唯一在世的弟弟，才是皇位继承人的唯一人选。

两拨人互不相让，各有各的道理，最终也没有讨论出个结果。

汉成帝心中的天平也没能稳定下来，毕竟皇太子关乎大汉王朝的未来，他也不敢贸然下结论，于是多次派遣宦官，询问宗室贵族和近臣们的意见。

大多数人都选择支持刘欣，但也有极少数人选择支持刘兴，这也是一种赌注，笑到最后的人将得到巨大的好处。

但每次问到黄门郎中常侍班稚时，他却支支吾吾，顾左右而言他，要么不发表自己的意见，要么干脆假装醉酒或者躲起来。

汉成帝自己考虑良久，也认为侄子刘欣比较合适，因为中山王刘兴是自己的亲兄弟，一旦刘兴继位，汉成帝都不能入太庙了，这当然是汉成帝不愿意看到的结果，于是排除了刘兴继位的可能。

西汉绥和元年（公元前8年），自感生子无望的汉成帝，将侄子刘欣征召入宫，册立为皇太子。

同时，为了安慰中山王刘兴，汉成帝又增加刘兴万户的食邑，封刘兴的舅舅冯参为宜乡侯。

西汉绥和二年（公元前7年），多年酒色侵骨的汉成帝，在赵昭仪的怀抱中暴死于长安未央宫，在皇太后王政君的追责下，赵昭仪畏罪自杀，香消玉殒。

汉成帝死后，十九岁的皇太子刘欣继位，以次年为建平元年，是为汉哀帝。

汉哀帝刘欣登基后，尊王太后为太皇太后，皇后赵飞燕为皇太后，同时对之前不支持自己皇嗣身份的宗室贵族和大臣们进行了打击，班稚也因一直没有明确表态，被汉哀帝贬斥为西河属国都尉，迁任广平相。

班稚立即带领家人，收拾行李启程赴任广平相。他没有觉得懊恼，甚至为自己能尽早离开京城这块是非之地而感到庆幸。

而汉成帝的死，对深宫之内的班婕妤，更是一次严重的打击，步入了她人生中最后的悲惨时光。

第五节　班婕妤：为成帝守陵，凄然病逝留《捣素赋》

> 至成帝崩，婕妤充奉园陵，薨，因葬园中。
>
> ——《汉书·卷九十七下·外戚传第六十七下》
>
> 渐行客而无言，还空房而掩咽。
>
> ——班婕妤《捣素赋》

汉成帝刘骜死了，而且是死在了昭仪赵合德的怀里，消息传到长信宫后，落寞多年的班婕妤泪如雨下，既心痛又苦涩。

作为曾经百般宠爱过自己的丈夫，虽然甜蜜了没有几年，但这种感情却是刻骨铭心的，所以，班婕妤心如刀绞，往昔恩爱的画面又一幕幕地浮现在眼前。

但是，汉成帝竟然是因纵欲过度，死在了赵昭仪的寝宫，死在了那个妖媚女人的怀里！这一对比，不能不让班婕妤心里不是滋味，久居冷宫的难挨，实在是愁啊！

没几天，因为受到皇太后王政君的巨大压力，赵昭仪最终只好自行了断。

班婕妤长舒了一口气，可就在这时，汉哀帝刘欣发来诏令，要求作为先帝嫔妃的班婕妤，即刻收拾打点，离开长信宫，前往埋葬有汉成帝的延陵（今陕西咸阳市东）去奉守。

这一晴天霹雳，让本就沉浸在悲伤中的班婕妤，多了一层痛苦和无奈。

长信宫虽然冷清了点，但毕竟是太皇太后王政君的寝宫所在，每天来来往往请安、叩拜的人不在少数，可到了延陵，那可就只剩石人石马了。

班婕妤看着宫女、太监们进进出出整理着东西，泪水再一次涌出眼眶，她急忙跑回内室，伏在床上大哭起来。

沐莲进来了，作为最熟悉班婕妤脾性的宫女，她当然知道班婕妤这几天的波澜起伏，也在小心地照顾着班婕妤的起居。

不过，沐莲也有心事：作为班婕妤最信任和依赖的宫女，她的各方面能力在后宫很出众，班婕妤马上要出宫去延陵，按律需要裁减一部分宫人，王太皇太后和好几位嫔妃都提出要把沐莲要过去。

沐莲很矛盾，留在皇宫里会热闹些，每年都有固定的时间和家人相见，甚至还有机会见到皇帝（被宠幸的概率很小），一旦跟着班婕妤去了延陵，这些也就无从谈起了。

可眼前的班婕妤，因哭泣而抽搐的肩膀让人心疼，青丝上竟然有了白发，更是让沐莲觉得难过。

沐莲闭上眼睛，深吸了一口气，再看看娇弱的班婕妤，她做出了决定。

沐莲走到床边，轻轻摇了一下班婕妤，然后伏下身，在她耳边轻声说道："娘娘不要伤心过甚，不管什么情况，我都会跟随你，你至少还有我。"

班婕妤先前也担心沐莲会被人带走，听到这句坚定的回答，她猛地抬起头，抱住了沐莲。

两人相拥而泣。

过了一会儿，沐莲将班婕妤扶到桌边坐下，帮她整理好衣服、妆容，就下去安排饭菜了。

离开长信宫，来到延陵后，班婕妤觉得日子越发冷冷清清，除了读书写字，和沐莲说说话，她也时常在陵园里散步。

这也让班婕妤有机会接触到更多的普通宫女，了解了她们在最美的年华入宫后，却只能慢慢消耗年华，等着容颜老去。

当时，很多宫女日常都要做一件事，就是捣素，即把制衣的白色生绢一类的衣料，用木棒一下一下捶打柔软后，才能进行裁减缝制。

听着一阵阵捣素声，班婕妤在同情宫女们凄婉命运的同时，也为自己感到心伤，她调整思绪，提笔写下了一篇《捣素赋》：

　　测平分以知岁，酌玉衡之初临。见禽华以麃色，听霜鹤之传音。仁风轩而结睇，对愁云之浮沉。虽松梧之贞脆，岂荣雕其异心。

　　若乃广储悬月，晖水流请，桂露朝满，凉袂夕轻。燕姜含兰而未吐，赵女抽簧而绝声。改容饰而相命，卷霜帛而下庭。曳罗裙之绮靡，振珠佩之精明。

　　若乃盼睐生姿，动容多制，弱态含羞，妖风靡丽。皎若明魄之生崖，焕若荷华之昭晰；调铅无以玉其貌，凝朱不能异其唇；胜云霞之迭日，似桃李之向春。红黛相媚，绮袒流光，笑笑移妍，步步生芳。两靥如点，双眉如张。颓肌柔液，音性闲良。

于是投香杵，扣玟砧，择鸾声，争凤音。梧因虚而调远，柱由贞而响沉。散繁轻而浮捷，节疏亮而清深。含笙总筑，比玉兼金；不埙不篪，匪瑟匪琴。或旅环而舒郁，或相参而不杂，或将往而中还，或已离而复合。翔鸿为之徘徊，落英为之飒沓。调非常律，声无定本。任落手之参差，从风飘之远近。或连跃而更投，或暂舒而长卷。清寡鸾之命群，哀离鹤之归晚。苟是时也，钟期改听，伯牙驰琴，桑间绝响，濮上传音；萧史编管以拟吹，周王调笙以象吟。

若乃窈窕姝妙之年，幽闲贞专之性，符皎日之心，甘首疾之病，歌采绿之章，发东山之咏。望明月而抚心，对秋风而掩镜。阅绞练之初成，择玄黄之妙匹，准华裁于昔时，疑异形于今日；想娇奢之或至，许椒兰之多术，熏陋制止之无韵，虑蛾眉之为魄。怀百忧之盈抱，空千里兮吟泪。侈长袖于妍袄，缀半月于兰襟。表纤手于微缝，庶见迹而知心。计修路之逶叟，怨芳菲之易泄。书既封而重题，笥已缄而更结。渐行客而无言，还空房而掩咽。

在《捣素赋》中，班婕妤先是描绘了普通宫女刚刚入宫时的青春美貌、光彩照人，接着开始了日复一日的捣素和日落黄昏背后的哀怨，最后更直接借普通宫女之口，倾诉了对不幸遭遇的无奈，原本在宫外很可能拥有美满的家庭，一旦入选进宫，便是终生禁闭，美好的年华在冷宫幽居中消磨殆尽，同时还得与亲人生离死别，只能每天孤守空房，以泪洗面。

班婕妤通过自己的细致观察和交流，把普通宫女充满悲情的命运写活了，但实际上，她更是在借此感伤，把自己内心的酸楚都道了出来。

西汉元寿二年（公元前 1 年），在位仅七年的汉哀帝因纵欲过度去世，没有留下子嗣。

汉哀帝死后，王太皇太后迅速提拔王氏家族成员，掌握朝政大权，拥立时年九岁的中山王刘衎为帝，是为汉平帝。

汉平帝刘衎继位后，临朝听政的王太皇太后下令将皇太后赵飞燕贬为孝成皇后，一个月后又下诏将赵皇后贬为庶人，去奉守延陵。

赵皇后自感命不久矣，而且不甘受辱，当天就自杀身亡了。

赵皇后去世的消息传到延陵后，班婕妤沉默了，她没有了情敌死于非命的快感，对自己苟延残喘的余生，她也无力改变。

西汉元始二年（公元2年），年迈体衰的班婕妤走完了孤独寂寞的晚年，死后被埋葬于汉成帝的延陵中，总算与丈夫同眠地下。

班婕妤作为一个容貌秀美、出类拔萃的才女，在入宫之初得到了汉成帝的宠爱，难得的是，就算得宠之时，她还是谨守礼教，不干预朝政，贤德之名在后宫中有口皆碑，被赞为"古有樊姬，今有婕妤"。

然而，汉成帝并非圣明之主，在他的眼中，班婕妤的一万个优点，也远远比不上莺歌燕舞的赵氏姐妹，这也导致了班婕妤后半生的坎坷和不幸。

不过，班婕妤的才情和贤德，为后人所仰慕，也留下了不少赞颂她的篇章：

"有德有言，实惟班婕。盈冲其骄，穷悦其厌。在夷贞坚，在晋正接。临飒端干，冲霜振叶。"

——三国曹魏陈思王曹植

"斌斌婕好，履正修文，进辞同辇，以礼匡君，纳侍显德，说对解纷，退身避害，志邈浮云。"

——西晋鹑觚子、司隶校尉傅玄

"恂恂班女，恭让谦虚，辞辇进贤，辩祝理诬，形图丹青，名侔樊虞。"

——西晋武帝贵人左棻

班婕好虽然离开人世，她的兄弟班稚却在远离京师的广平，又一次遭遇了厄运，这次的打击来自于班稚一个逐渐陌路的熟人。

第六节　班稚：王莽掌权，急流勇退保平安

帝年九岁，太后临朝称制，委政于莽。

——《汉书·王莽传上》

稚惧，上书陈恩谢罪，愿归相印，入补延陵园郎，太后许焉。

——《汉书·叙传》

班稚年轻的时候，曾担任黄门郎中常侍，作为低调的班氏家族成员，他与其他外戚家族成员接触很少，但有一个人却是例外，那就是王氏家族的王莽。

王莽所在的王氏家族，是当时权倾朝野的皇亲外戚，先后有九人封侯，五人担任大司马，是西汉一代中最显贵的家族。

由于多年把持朝政，王氏家族成员大多是将军列侯，这种因身份而带来的显贵，让他们忘乎所以，一个个过着纸醉金迷、

声色犬马的生活，并且互相还会攀比。

王莽却是这个显贵家族中的一股清流，他生活简朴，为人谦恭，而且勤劳好学，曾与沛郡陈参学习《论语》。

正因如此，王莽才与年龄相仿的班稚相熟，双方关系密切，就跟兄弟一样。

为什么王莽能成为与众不同的那一个呢？这跟他的特殊经历有关。

王莽生于西汉初元四年（公元前 45 年），他的姑姑是孝元皇后王政君，这本是躺着就能享福的身份，不幸的是，在王莽少年时，他的父亲王曼、哥哥王永先后去世，不得不跟随叔父们一起过着寄人篱下的生活。

不幸的家庭会造就苦难，但也会磨砺出坚强的性格和美好的品德。

王莽就是如此，他尽心服侍母亲和寡嫂，帮忙抚育侄子，侍奉各位叔伯非常周到，对外则结交像班稚这样的贤士，成为当时声名远播的道德楷模。

西汉阳朔三年（公元前 22 年），二十四岁的王莽开始进入朝廷做官，他办事认真，对周围的人都很恭敬，对身居阳平侯、大司马、大将军、领尚书事之位的伯父王凤更是极为恭顺。

这一时期，王莽经常和黄门郎中常侍班稚一起探讨诗书经文，也会对朝廷中的一些具体事项发表自己的看法。

同年八月，王凤病重，王莽一直待在他身边侍奉，衣不解带，比亲生儿子都要强。

王凤特别感动，临死前嘱咐妹妹王太后，要照顾王莽。

不久，王莽被任命为黄门郎，后又升为射声校尉。

西汉永始元年（公元前16年），三十岁的王莽被封为新都侯、骑都尉、光禄大夫侍中，虽然身居高位，但他还是礼贤下士，过着清廉俭朴的生活，包括班稚在内的朝野名流都很欣赏他。

与此同时，王莽的伯叔父王凤、王商、王根等人，则相继担任大司马辅政，但王莽的名声甚至超越了他那些大权在握的叔伯。

西汉绥和元年（公元前8年），曲阳侯、大司马、骠骑将军王根病重，举荐侄子王莽继任大司马之位，汉成帝刘骜随后任命王莽为大司马。

随着王莽地位的步步攀升，他对朝政的掌控欲开始显现，班稚知道两人地位差距太大，已经不复从前，两人关系开始渐行渐远。

西汉绥和二年（公元前7年），汉成帝去世，皇太子刘欣继位，是为汉哀帝，尊王太后为太皇太后，皇后赵飞燕为皇太后。

王太皇太后下诏尊汉哀帝刘欣的父亲定陶恭王刘康为恭皇，汉哀帝很快又借"母以子贵"为名，下诏尊祖母定陶傅太后为恭皇太后，母丁姬为恭皇后。

此后，傅恭皇太后和丁恭皇后的家族开始得势，王莽只得辞去一切职务，回到封国新都隐居起来，大门不出二门不迈，过着安分谨慎的生活。

班稚也因之前没有明确表态支持汉哀帝的皇嗣身份，被汉哀帝贬斥为西河属国都尉，迁任广平相。

两人都不被汉哀帝接纳，为了避嫌，也没敢有所联系。

西汉元寿二年（公元前1年），二十五岁的汉哀帝去世，并未留下子嗣。

王太皇太后在皇帝驾崩后当天，就起驾到未央宫，收回了传国玉玺。

随后，王太皇太后诏命侄子新都侯王莽再任大司马、录尚书事，兼管军事令及禁军，并派车骑将军王舜、大鸿胪左咸使持节迎立中山王刘衎，刘衎正是此前与汉哀帝争位失败的前中山王刘兴之子。

同年九月初一，刘衎继皇帝位，以次年为元始元年，是为汉平帝。

当时汉平帝刘衎才九岁，所以由王太皇太后临朝听政，王莽主持朝政。

为了显示大汉天下太平，王莽派遣使者分别到各地访查风俗，采集颂歌，很多官员投其所好，献上了各种各样的祥瑞。

可当使者来到广平时，广平相班稚却是话没有几句，直到使者离开，也没有献上任何东西。

这时，琅邪太守公孙闳也在官府内大讲灾变，认为以王太皇太后、王莽为首的王氏家族长久执政，会对西汉王朝造成危害。

王莽当然不能容忍，在他的授意下，大司空甄丰派人赶到广平和琅邪，重新宣讲了王莽上台以来，西汉王朝一片欣欣向荣，并上书弹劾公孙闳捏造不祥之事，班稚不讲瑞应，都是嫉妒圣政、别有企图的表现。

王太皇太后听说班婕妤的弟弟班稚牵涉其中，把王莽召来，说了这么一句："不宣德美，宜与言灾害者异罚。且后宫贤家，我所哀也。"

王太皇太后对班婕妤和班氏家族成员的印象都不错，因此为闯下大祸的班稚开脱：班稚只是没有主动宣传朝廷的德政和教化，应该和公孙闳这种大谈灾害的小人相区别，并且处罚也应该不一样。班婕妤是一个非常贤德的嫔妃，我很同情她和她的家族。

王莽只是恼怪老朋友班稚不识时务，也只是想敲打他一下，而王太皇太后的旨意更是不能违背，于是，公孙闳被单独投入监狱并处死。

公孙闳的死讯传来，班稚大为恐惧，他担心自己可能朝不保夕，立即上书感恩谢罪，并表示愿意归还广平相印，到延陵去值守。

王太皇太后认为这样对班稚反而是一种保护，就同意了他的请求，任命班稚为延陵园郎。

就这样，班稚避开了朝政纷争，享受原有的俸禄度过了后半生，就算后来王莽以新代汉，朝代更迭，也没有对班氏家族造成影响。

班稚这一代人算是平安落地，而他的儿子班彪，则面临着更加复杂的政权斗争，开始了艰难的征途。

第五章

班彪：前朝外戚的归汉路

避走河西，辅佐窦融
归顺东汉

汉新交迭，著《王命论》
驳隗嚣

几番为官，时有奏言

写就《史记后传》，居官
去世

第一节 汉新交迭，著《王命论》驳隗嚣

彪性沈重好古。

——《后汉书·卷四十上·班彪列传第三十上》

不知神器有命，不可以智力求也。

——班彪《王命论》

西汉王朝在权臣王莽的步步紧逼下，慢慢走向末路，班氏家族曾经显赫一时的西汉外戚身份，成了一种危险的象征。

西汉元始三年（公元3年），四十八岁的安汉公、太傅、大司马、录尚书事王莽，将长女王嬿立为汉平帝刘衎的皇后，权势更加稳固。

班彪就出生在这一年，此前他的父亲延陵园郎班稚为了避祸，自请带着一家人在荒凉的延陵守卫。

班稚甘于寂寥，完全摆脱政事，每天翻看着二哥班斿留下

的汉成帝御赐的中秘之书副本，照顾着牙牙学语的班彪，日子过得平静而惬意。

西汉元始五年十二月，十五岁的汉平帝去世，没有留下子嗣。

王莽为了继续操纵政局，排除了年长的宗室王侯继位的可能，选中了汉宣帝刘询的玄孙、广戚侯刘显的儿子孺子婴（即刘婴）。

孺子婴当时只有两岁，王莽没有让孺子婴登基，而是册立他为皇太子，太皇太后王政君则在群臣的逼迫下，发布了一道谕令："令安汉公居摄践祚，如周公故事，以武功县为安汉公采地，名曰汉光邑。"

这就给了王莽名正言顺地行使皇帝的权力，王莽自称"假皇帝"，臣民则称王莽为"摄皇帝"，王莽自称"予"，改年号为居摄元年。

这个时候，王莽要篡位的企图，已经是路人皆知了，虽然刘氏宗亲也进行了反抗，却被王莽一一平定。

西汉初始元年（公元 8 年）十二月，王莽逼迫王太皇太后交出传国玉玺，接受孺子婴"禅让"后称帝，改国号为"新"，改长安为常安，改年号为"始建国元年"，立国210年的西汉王朝灭亡。

这一年，班彪只有六岁，他的汉朝皇室外戚身份，不但没有任何显贵可言，反而成了累赘，好在班稚继续保持低调，一家人也算平安无事。

班彪在父亲的启蒙下，和他的堂兄班嗣一起学习，兄弟俩不仅学识广博，而且结交了很多有才学的年轻士子，才华开始慢慢传扬开来。

新朝建立后，王莽为了革除汉末的诸多弊端，进行了一系列的改制，但由于"王莽改制"的内容不符合当时的需要，受到层层抵制，不仅没能缓和社会矛盾，反而造成了天下剧烈动荡，面对旱、蝗、瘟疫、黄河决口改道等灾害，国库也因耗费殆尽而无法拨款赈灾，各地起事反抗新朝的斗争不断。

新朝天凤四年（公元17年），全国再次爆发蝗灾、旱灾，一时饥荒四起，很多流民加入反新的行列，最终形成了南方的绿林军和北方的赤眉军等两大反新集团。

父亲班稚去世后，班彪谨遵父亲的遗嘱，从不涉足政治，安心在延陵班府读书学习，过着隐居的生活。

新朝地皇四年（公元 23 年）二月，绿林军在淯水（今河南南阳白河城南淯水之滨）设立坛场，拥立西汉长沙定王刘发的后裔、更始将军刘玄继皇帝位，建年号为更始，史称玄汉政权更始帝。

同年九月，王莽逃亡到渐台时被人杀害，新朝灭亡，他的头颅被人送给了更始帝刘玄。

然而，刘玄的皇帝之位并没有得到广泛认可，新朝境内大小军阀林立，天下大乱的局面并没有解除，反而更加动荡不安。

时年二十一岁的班彪意识到，延陵已不再是世外桃源，如果不想办法离开这里，受到军阀袭扰甚至更严重的后果，也在所难免。

于是，班彪在与堂兄班嗣商量后，两人决定将中秘之书副本藏起来保管，班彪一路向西，寻找合适的庇护地，班嗣则继续云游四海，实践老庄之志。

班彪简单收拾行李细软后，带上家人一起西行，同时，他还特地带上了仆役魏朗。

魏朗本是延陵一户农家的孩子，班彪三岁那年，一场大的饥荒和瘟疫，让魏朗的父母先后去世。班彪的父亲班稚可怜魏朗自幼成孤，就把他接入班府收为仆役。因魏朗比班彪大两岁，他也成了班彪从小到大的玩伴。

班彪深知魏朗为人忠诚可靠，而且头脑灵活，能吃得了苦，就带着他一同逃亡。

班彪一行人避开官道，沿着小路前行，一路上战乱造成的房屋倒塌、家破人亡，让他们触目惊心。

经过几个月的艰难跋涉，班彪等人来到上邽（今甘肃天水），这里由自封上将军的隗嚣拥兵割据。

隗嚣出身陇右大族，不仅喜读经书，在州郡为官也很得人心，他在刘玄称帝后，被起兵反新的叔父隗崔等人推举为上将军，成为割据一方的军阀。

隗嚣听说班彪逃亡经过上邽时，知道他学问渊博，就派人将班彪等人接入上将军府，向他们说明自己这里很安定，随后在城中选了一处宅子，让班彪等人居住。

班彪看到隗嚣为汉高祖、汉文帝、汉武帝等汉朝皇帝立庙，并且称臣执事，上邦城内的秩序也比关中好得多，就接受了隗嚣的庇护。

不过，隗嚣可不是班彪想得那么简单，他一心琢磨着拥兵自重，企图在乱世中火中取栗。

更始三年（公元 25 年）四月，自封蜀王、辅汉将军、蜀郡太守兼益州牧的公孙述，以蜀地为根基自立为帝，国号成家，建元龙兴。

同年六月，西汉长沙定王刘发的后裔、玄汉政权的萧王、大司马刘秀已经是"跨州据土，带甲百万"，在众将拥戴下，于河北鄗城（今河北柏乡县）的千秋亭继皇帝位，仍然使用"汉"的国号，建元建武，是为汉世祖光武皇帝。

同年十月，刘玄因兵败如山倒，被迫投降赤眉军，将皇帝的印绶献给了汉太祖高皇帝刘邦之孙、城阳景王刘章的后裔、建世帝刘盆子。不久，刘玄被赤眉军杀害。

此时，除了成家帝公孙述、汉光武帝刘秀、建世帝刘盆子等势力外，还有很多大大小小的割据势力，大的占有多个州郡，小的则割据县邑，天下仍不太平。

在这种情况下，隗嚣作为一个比较大的割据势力首领，有了更多的想法。

有一天，隗嚣向班彪试探性地抛出了一个问题："往者周亡，战国并争，天下分裂，数世然后定。意者从横之事复起于今乎？将承运迭兴，在于一人也？愿生试论之。"

隗嚣在这里充分表露了自己的野心：以前周朝灭亡，天下大乱很多年后才安定下来，难道是以前的状况现在又出现了？将会有一个人承受天运代而兴起吗？希望班彪你评论一下。

在隗嚣的内心深处，他自己就是那个应天而起的乱局终结者，也希望得到班彪的认同。

班彪作为汉朝皇室外戚，自然不能认同隗嚣的不臣言论，他站在了汉朝的立场上，驳斥了隗嚣一波："周之废兴，与汉殊异。昔周爵五等，诸侯从政，本根既微，枝叶强大，故其末流有从横之事，势数然也。汉承秦制，改立郡县，主有专己之威，臣无百年之柄。至于成帝，假借外家，哀、平短祚，国嗣三绝，故王氏擅朝，因窃号位。危自上起，伤不及下，是以即真之后，天下莫不引领而叹。十余年间，中外搔扰，远近俱发，假号云合，咸称刘氏，不谋同辞。方今雄桀带州域者，皆无七国世业之资，而百姓讴吟，思仰汉德，已可知矣。"

班彪由古及今，从周朝和汉朝制度的不同，谈到王莽代汉建新并未获得民心，天下豪杰也都是各自打着刘氏的旗号，可见老百姓仍然在想念汉朝的恩德，想要打消隗嚣这不切实际的想法。

班彪引经据典，似乎分析得头头是道，但隗嚣并不服气："生言周、汉之势可也；至于但见愚人习识刘氏姓号之故，而谓汉家复兴，疏矣。昔秦失其鹿，刘季逐而羁之，时人复知汉乎？"

隗嚣也不是一般人，一针见血：班彪你分析周朝与汉朝的形势没问题，但认为愚蠢的老百姓习惯刘氏名号就说汉朝复兴，那就未必了。以前秦朝灭亡的时候，刘邦起兵从群雄中夺得天下，当时的老百姓又怎么可能知道汉朝啊？！

隗嚣说完就大笑着离开了，留下班彪一个人半天都说不出话来。班彪非常痛恨隗嚣的狂妄自大，但也感叹时局太过艰难，不是一两句话能说得清的。

为了劝说隗嚣支持汉室，班彪在酝酿了好几天后，写出了一篇《王命论》：

昔在帝尧之禅曰："咨尔舜，天之历数在尔躬。"舜亦以命禹。暨于稷契，咸佐唐虞，光济四海，奕世载德，至于汤武，而有天下。虽其遭遇异时，禅代不同，至于应天顺人，其揆一焉。是故刘氏承尧之祚，氏族之世，著于春秋。唐据火德，而汉绍之。始起沛泽，则神母夜号，以彰赤帝之符，由是言之，帝王之祚，必有明圣显懿之德，丰功厚利积累之业，然后精诚通于神明，流泽加于生民。故能鬼神所福飨，天下所归往。未见运世无本，功德不纪，而得倔起在此位者也。世俗见高祖兴于布衣，不达其故，以为适遭暴乱，得奋其剑，游说之士至比天下于逐鹿，幸捷而得之，不知神器有命，不可以智力求也。悲失！此世所以多乱臣贼子者也。若然者，岂徒暗于天道哉？又不睹之于人事矣！

夫饿馑流隶，饥寒道路，思有短褐之袭，儋石之畜，所愿不过一金，然终于转死沟壑。何则？贫穷亦有命也。况乎天子之贵，四海之富，神明之祚，可得而妄处哉？故虽遭罹厄会，窃其权柄，勇如信、布，强如梁、籍，咸如王莽，然卒润镬伏质，亨醢分裂，又况么么不及数子，而欲暗奸天位者乎！是故驽蹇之乘不聘千里之途，燕雀之畴不奋六翮之用，寋枿之材不荷栋梁之任，斗筲之子不秉帝王之重。《易》曰"鼎折足，覆公𫗧"，不胜其任也。

当秦之末，豪桀共推陈婴而王之，婴母止之曰："自吾为子家妇，而世贫贱，卒富贵不祥，不如以兵属人，事成少受其刑，不成祸有所归。"婴从其言，而陈氏以宁。王陵之母亦见项氏之必亡，而刘氏之将兴也。是时，陵为汉将，而母获于楚，有汉使来，陵母见之，谓曰："愿告吾子，汉王长者，必得天下，子谨事之，无有二心。"遂对汉使伏剑而死，以固勉陵。其后果定于汉，陵为宰相，封侯。夫以匹妇之明，犹能推事理之致，探祸福之机，而全宗祀于无穷，垂策书于春秋，而况大丈夫之事乎！是故穷达有命，吉凶由人，婴母知废，陵母知兴，审此四者，帝王之分决矣。

盖在高祖，其兴也有五：一曰帝尧之苗裔，二曰体貌多奇异，三曰神武有征应，四曰宽明而仁恕，五曰知人善任使。加之以信诚好谋，达于听受，见善如不及，用人如由己，从谏如顺流，趣时如响赴；当食吐哺，纳子房之策；拔足挥洗，揖郦生之说；寤戍卒之言，断怀土之情；高四皓之名，割肌肤之爱；举韩信于行陈，收陈平于亡命，英雄陈力，群策毕举：此高祖之大略，所以成帝业也。若乃灵端符应，又可略闻矣。初刘媪任高祖而梦与神遇，震电晦冥，有龙蛇之怪。及其长而多灵，有异于众，是以王、武感物而折券，吕公睹形而进女；秦皇东游以厌其气，吕后望云而知所处；始受命则白蛇分，西入关则五星聚。故淮阴、留侯谓之天授，非人力也。

历古今之得失，验行事之成败，稽帝王之世运，考五者之所谓，取舍不厌斯位，符端不同斯度，而苟昧于权利，越次妄据，外不量力，内不知命，则必丧保家之主，失天

气之寿，遇折足之凶，伏铁钺之诛。英雄诚知觉寤，畏若
祸戒，超然远览，渊然深识，收陵、婴之明分，绝信、布
之觊觎，距逐鹿之瞀说，审神器之有授，毋贪不可几，为
二母之所笑，则福祚流于子孙，天禄其永终矣。

应该说，班彪是一个非常有执念的人，他从尧舜禹、商汤、
周武等远古贤君说起，认为刘氏汉朝是继承自唐尧的，是天命
所授，靠征伐阴谋是不能夺得天下的。

班彪想通过《王命论》来说服隗嚣放弃逐鹿中原自立称帝
的念头，去支持汉朝的复兴，但信奉实力为先的隗嚣，根本听
不进班彪的这套理论。

道不同不相为谋，班彪无法继续与隗嚣共事，而且感到未
来可能会有危险，决心要离开上邦，另寻出路。

第二节　避走河西，辅佐窦融归顺东汉

揽余涕以于邑兮，哀生民之多故。

　　　　　　　　　　　　　——班彪《北征赋》

光武问曰："所上章奏，谁与参之？"融对曰："皆从事班彪所为。"

　　　　　　——《后汉书·卷四十上·班彪列传第三十上》

隗嚣始终秉持"外顺人望，内怀异心"，这让班彪感觉到恐惧，班彪不能不为自己的前途打算。

魏朗从班彪连日来愁眉不展，看出了他的心事，就密告班彪："我在城中打听数日，有人说河西（今河西走廊一带）那一带的行河西五郡大将军事窦融，也是西汉皇室外戚后人，而且为人慷慨有大义，我们不妨到那里去看看。"

班彪此前也听说过窦融的名头，知道魏朗已经有所准备，就决定离开上邽，前往河西寻找机会。

为了避开隗嚣的耳目和可能遇到的袭扰，班彪一行人深夜出发，按照魏朗之前了解到的小路前进。

又是一次远行，班彪联想到自新末以来，为了避开混乱的局势，自己从长安故都一路逃难的狼狈，提笔写下了一篇《北征赋》：

余遭世之颠覆兮，罹填塞之阨灾。旧室灭以丘墟兮，曾不得乎少留。遂奋袂以北征兮，超绝迹而远游。

朝发轫于长都兮，夕宿瓠谷之玄宫。历云门而反顾，望通天之崇崇。乘陵岗以登降，息郇邠之邑乡。慕公刘之遗德，及行苇之不伤。彼何生之优渥，我独罹此百殃？故时会之变化兮，非天命之靡常。

登赤须之长阪，入义渠之旧城。忿戎王之淫狡，秽宣后之失贞。嘉秦昭之讨贼，赫斯怒以北征。纷吾去此旧都兮，騑迟迟以历兹。

遂舒节以远逝兮，指安定以为期。涉长路之绵绵兮，远纤回以樛流。过泥阳而太息兮，悲祖庙之不修。释余马于彭阳兮，且弭节而自思。日晻晻其将暮兮，睹牛羊之下来。寤旷怨之伤情兮，哀诗人之叹时。

越安定以容与兮，遵长城之漫漫。剧蒙公之疲民兮，为强秦乎筑怨。舍高亥之切忧兮，事'蛮狄'之辽患。不耀德以绥远，顾厚固而缮藩。首身分而不寤兮，犹数功而辞鳣。何夫子之妄说兮，孰云地脉而生残。

登鄣隧而遥望兮，聊须臾以婆娑。闵獯鬻之猾夏兮，吊尉漱于朝那。从圣文之克让兮，不劳师而币加。惠父兄于南越兮，黜帝号于尉他。降几杖于藩国兮，折吴濞之逆邪。惟太宗之荡荡兮，岂曩秦之所图。

隮高平而周览，望山谷之嵯峨。野萧条以莽荡，迥千里而无家。风猋发以漂遥兮，谷水灌以扬波。飞云雾之杳杳，涉积雪之皑皑。雁邕邕以群翔兮，鹍鸡鸣以哜哜。

游子悲其故乡，心怆悢以伤怀。抚长剑而慨息兮，泣涟落而沾衣。揽余涕以于邑兮，哀生民之多故。夫何阴曀之不阳兮，嗟久失其平度。谅时运之所为兮，永伊郁其谁愬？

乱曰：夫子固穷，游艺文兮，乐以忘忧，惟圣贤兮？达人从事，有仪则兮，行止屈申，与时息兮？君子履信，无不居兮，虽之蛮貊，何忧惧兮？

在《北征赋》中，班彪写下了自己逃亡的无奈，一路上所见到的悲惨景象，并结合几百年的风云变幻，抒发了"君子固穷而守节"的儒家思想，在感时伤世的同时，也坚定了自己的目标和方向。

班彪等人赶到张掖后，窦融非常高兴，他很欣赏班彪的才华和操守，就把班彪征为从事，用师友一样的礼节对待他。

班彪和窦融一番长谈后，也感觉窦融和隗嚣完全不同，是可以争取的归汉对象。

那么，窦融到底是何许人呢？

窦融的七世祖是西汉孝文皇后窦氏的弟弟章武侯窦广国，因此他也是正儿八经的西汉皇室外戚。不过与班彪不同的是，窦融先是在西汉末年因军功被封为建武男、强弩将军司马，更因妹妹嫁给了王莽的堂弟隆新公、大司空王邑，成为新朝权贵，全家徙居长安，"出入贵戚，连结闾里豪杰，以任侠为名"。

新朝末年，窦融多次跟随功建公、太师王匡，妹夫王邑等人征讨反新势力，并担任波水将军。

新朝灭亡后，窦融率军投降更始帝刘玄，先后担任校尉、巨鹿太守。

窦融看到玄汉政权不稳，想起他的高祖父曾为张掖太守，从祖父曾为获羌校尉，从弟为武威太守，觉得河西才是他们安身立命之所，就请求大司马赵萌为他说情，辞去巨鹿太守之职，改任张掖属国都尉。

窦融来到张掖后，与酒泉太守梁统、金城太守库钧、张掖都尉史苞、酒泉都尉竺曽、敦煌都尉辛彤等人结交，他们商议"推一人为大将军，共全五郡，观时变动"，窦融被一致推举为行河西五郡大将军事。

在窦融的管治下，河西成了乱世中的一片乐土，"上下相亲，晏然富殖"，兵马也在时时训练，以防羌人或匈奴人的袭扰。

班彪趁机劝窦融支持刚刚建立东汉王朝的汉光武帝刘秀，

并积极为窦融出谋划策，窦融认为他说得很有道理，但因河西距洛阳太远，没有办法直接联系而继续等待机会。

这时，隗嚣派遣手下张玄到河西游说窦融，言及"今豪杰竞逐，雌雄未决，当各据其土字，与陇、蜀合从，高可为六国，下不失尉佗"，建议窦融与隗嚣各自割据一方。

窦融召集班彪与诸郡太守等人商议，班彪力主归顺汉光武帝，成为东汉功臣，其他人也大多拥护班彪的主张，窦融回绝了隗嚣的忽悠，"遂决策东向"。

东汉建武三年（公元 27 年），东汉军队击溃赤眉军，建世帝刘盆子投降，被解送到洛阳，并向汉光武帝呈上了得自更始帝的传国玉玺和七尺宝剑，刘盆子得到了汉光武帝的恩养。

东汉建武五年（公元 29 年），窦融派长史刘钧等人向汉光武帝奉书献马，汉光武帝也遣使去河西，争取窦融等人共同对付隗嚣、公孙述。

双方的使者在半路上相遇，一起回到洛阳，汉光武帝非常高兴，不仅赐给窦融书，称赞窦融安定河西的功绩，还赐黄金二百斤，封窦融为凉州牧。

　　窦融接受了汉光武帝的封赏，随即致书隗嚣，言明他反汉是不识时务，要求隗嚣重新考虑后果，隗嚣没有理睬窦融的建议。

　　汉光武帝对窦融的做法很满意，并主动与他拉上亲戚关系：窦融是西汉孝文皇后窦氏家族的后裔，而汉光武帝则是孝文皇后的孙子长沙定王刘发的后裔，间隔时间虽长，但情谊还在。

　　东汉建武七年（公元 31 年），隗嚣派遣使者向成家帝公孙述称臣，公孙述封隗嚣为朔宁王，双方开始勾连。

　　同年秋，隗嚣率兵侵犯安定，汉光武帝亲自西征，与窦融等人定期相会，后因遇大雨道路阻绝，加上隗嚣已经退兵，就没有继续进军。

　　东汉建武八年（公元 32 年），汉光武帝在窦融的请求下，发兵攻打隗嚣，双方会合后一起进攻，隗嚣军大败。

　　战争结束后，汉光武帝因功封窦融为安丰侯，食安丰、阳泉、蓼、安风四县，窦融的弟弟窦友也被封为显亲侯。

　　东汉建武九年（公元 33 年）春，隗嚣又病又饿，在一片哀歌中愤恨而死，部将拥立他的小儿子隗纯继立为朔宁王。

东汉建武十年（公元 34 年）夏，东汉军队在落门聚（天水郡冀县）大败隗纯军，隗纯被迫投降，陇右隗氏的统治结束。

东汉建武十二年（公元 36 年），东汉军队大破公孙述军，公孙述伤重去世，蜀地也被平定。

陇、蜀平定之后，窦融受诏与五郡太守奏事京师，汉光武帝给了窦融很高的荣耀，同时不经意间问了他一句："所上章奏，谁与参之？"

原来，窦融在河西时多次上书汉光武帝言事，文采都非常好，令汉光武帝印象深刻。但与窦融见面深谈后，汉光武帝觉得窦融的才识写不出那种文字，就直接问他，之前那些奏章，背后是不是有高人指点。

窦融不敢隐瞒，同时也认为这是一个推荐人才的机会，很爽快地答道："皆从事班彪所为。"

汉光武帝之前就听说过班彪，知道这位西汉外戚很有学问，得知这些年来他在辅佐窦融归汉，马上就派人把班彪召来相见。

班彪早就在等待这一刻的到来，他先给汉光武帝行了大礼，然后讲了一番关于时局的分析，让汉光武帝击节称赞。

不久，班彪被推举为司隶茂才，并任命为徐令。

在赴任途中，班彪来到海边，面对苍茫无涯、雄浑壮阔的大海，他心潮澎湃，提笔写下了一篇《览海赋》：

余有事于淮浦，览沧海之茫茫。悟仲尼之乘桴，聊从容而遂行。

驰鸿濑以缥鹜，翼飞风而回翔。顾百川之分流，焕烂漫以成章。

风波薄其裔裔，邈浩浩以汤汤。指日月以为表，索方瀛与壶梁。

曜金璆以为阙，次玉石而为堂。蓂芝列於阶路，涌醴渐於中唐。

朱紫彩烂，明珠夜光，松乔坐於东序，王母处於西箱。

命韩众与岐伯，讲神篇而校灵章。原结旅而自讬，因离世而高游。

骋飞龙之骖驾，历八极而迥周。遂竦节而响应，忽轻举以神浮。

遵霓雾之掩荡，登云涂以凌厉。乘虚风而体景，超太清以增逝。

麾天阊以启路，辟阊阖而望余。通王谒于紫宫，拜太一而受符。

在《览海赋》中，班彪遥想孔子当年泛舟海上，从容而行，继而想象自己骑上神话中的巨鸟，尽情遨游在海天之间，并且进入天庭来了一番奇遇，描绘一个超凡脱俗的海洋仙境，是我国文学史上的第一篇海赋。

遗憾的是，舟车劳顿击垮了班彪的身体，他最终没能去上任，只能辞官归乡休养。

班彪养病期间，东汉朝廷并没有忘记他，多次派人征召他出山，班彪没有犹豫，他觉得自己有了发挥的舞台。

第三节　几番为官，时有奏言

臣愚以为宜复置乌桓校尉，诚有益于附集，省国家之边虑。

————班彪《上言宜复置乌桓校尉》

是以圣人审所与居，而戒慎所习。

————班彪《上言选置东宫及诸王国官属》

班彪的身体恢复之后，立即接受东汉朝廷的征召，先是担任县吏，后又升任为司徒掾。

当时正值百废待兴之际，很多问题都需要重新梳理，班彪对时局非常关心，常常提出很有见地的奏言。

由于之前曾在陇右和河西地区生活多年，班彪对边地存在的问题很熟悉，针对西羌部落可能发生的变乱，他写了一封《复护羌校尉疏》：

今凉州部皆有降羌，羌胡被发左衽，而与汉人杂处，习俗既异，言语不通，数为小吏黠人所见侵夺，穷恚无聊，故致反叛。夫"蛮夷"寇乱，皆为此也。旧制，益州部置"蛮夷"骑都尉，幽州部置领乌桓校尉，凉州部置护羌校尉，皆持节领护，理其怨结，岁时循行，问所疾苦。又数遣使译通动静，使塞外羌"夷"为吏耳目，州郡因此可得微备。今宜复如旧，以明威防。

在这篇奏疏中，班彪根据西汉时期在边地设置护羌校尉，建议东汉朝廷重置护羌校尉，防止西羌联合匈奴及有可能发动的反叛，后来，护羌校尉也成为东汉时期很重要的职官之一。

不久，针对乌桓部落，班彪也写了一封《上言宜复置乌桓校尉》：

乌桓天性轻黠，好为寇贼，若久放纵而无总领者，必复侵掠居人，但委主降掾史，恐非所能制。臣愚以为宜复置乌桓校尉，诚有益于附集，省国家之边虑。

班彪认为，乌桓从西汉开始就受到匈奴的控制，经常发动对汉朝边地的袭扰，因此，重置乌桓校尉，不仅可以监领乌桓部落，也可以招附东胡、鲜卑等其他部落。

班彪的两封奏言，都得到了汉光武帝刘秀的重视，边地问题也得到了及时的控制。

东汉建武十九年（公元 43 年），汉光武帝接受皇太子刘疆辞位，废刘疆为东海王，同时将原东海王刘庄立为皇太子。

由于当时皇太子的东宫刚刚建立，诸皇子的王国也同时开辟，但相应的官吏没有配齐，教授师傅和安保力量也欠缺。针对这一情况，班彪又写了一封《上言选置东宫及诸王国官属》：

孔子称："性相近，习相远也。"贾谊以为："习为善人居，不能无为善，犹生长于齐，不能无齐言也。习与恶人居，不能无为恶，犹生长于楚，不能无楚言也。"是以圣人审所与居，而戒慎所习。昔成王之为孺子，出则周公、邵公、太史佚，入则大颠、闳夭、南宫括、散宜生，左右前后，礼无违者，故成王一日即位，天下旷然太平。是以《春秋》"爱子教以义方，不纳于邪。骄奢淫佚，所自邪也"。《诗》云："诒厥孙谋，以宴翼子。"言武王之谋遗子孙也。

汉兴，太宗使晁错导太子以法术，贾谊教梁王以《诗》《书》。及至中宗，亦令刘向、王褒、萧望之、周堪之徒，以文章儒学保训东宫以下，莫不崇简其人，就成德器。今皇太子诸王，虽结发学问，修习礼乐，而傅相未值贤才，官属多阙旧典。宜博选名儒有威重明通政事者，以为太子太傅，东宫及诸王国，备置官属。又旧制，太子食汤沐十县，设周卫交戟，五日一朝，因坐东箱，省视膳食，其非朝日，使仆、中允旦旦请问而已，明不媟黩，广其敬也。

班彪很熟悉前代制度安排，他先是引用了孔子、贾谊两位先哲的话，提出居住环境对皇子们成长的影响；接着又通过周成王做孺子时的例子，以及《春秋》《诗经》上的名句，说明延请名师辅佐的重要性。接下来，班彪又直接引用了西汉时期太宗、中宗两位皇帝对皇太子及诸王的教育，还有之前的一些相关制度，提出了对皇太子及诸王选置官属、安保等具体建议。

汉光武帝也正在琢磨这件事情，看了班彪的进言很受用，果断采纳了他的意见。

东汉建武二十八年（公元 52 年），北匈奴派使者来到京师洛阳，向汉光武帝提出了和亲的要求。汉光武帝对此很重视，下诏询问百官酬谢北匈奴的办法，班彪写了一封《奏议答北匈奴》：

> 臣闻孝宣皇帝敕边守尉曰："匈奴大国，多变诈。交接得其情，则却敌折冲；应对入其数，则反为轻欺。"今北匈奴见南单于来附，惧谋其国，故数乞和亲，又远驱牛马，与汉合市，重遣名王，多所贡献，斯皆外示富强，以相欺诞也。臣见其献益重，知其国益虚，归亲愈数，为惧愈多。然今既未获助南，则亦不宜绝北，羁縻之义，礼无不答。谓可颇加赏赐，略与所献相当，明加晓告以前世呼韩邪、郅至行事。报答之辞，令必有适。今立稿草并上，

曰："单于不忘汉恩，追念先祖旧约，欲修和亲，以辅身安国，计议甚高，为单于嘉之。往者匈奴数有乖乱，呼韩邪、郅支自相仇隙，并蒙孝宣皇帝垂恩救护，故各遣侍子称藩保塞。其后郅支忿戾，自绝皇泽，而呼韩附亲，忠孝弥著。及来灭郅支。遂保国传嗣。子孙相继。今南单于携众向南，款塞归命自以呼韩嫡长，次第当立，而侵夺失职，猜疑相背，数请兵将，归埽北庭，策谋纷纭，无所不至。惟念斯言，不可独听，又以北单于比年贡献，欲修和亲，故拒而未许，将以成单于忠孝之义。汉秉威信，总率万国，日月所照，皆为臣妾。殊俗百蛮，义无亲疏，服顺者褒赏，畔逆者诛罚，善恶之效，呼韩、郅支是也。今单于欲修和亲，款诚已达，何嫌而欲率西域诸国俱来献见？西域国属匈奴，与属汉何异？单于数连兵乱，国内虚耗，贡物裁以通礼，何必献马裘？今赍杂缯五百匹，弓鞬韥一，矢四发，遣遗单于。又赐献马左骨都侯、右谷蠡王杂缯各四百匹，斩马剑各一。单于前言先帝时所赐呼韩邪竽、瑟空侯皆败，愿复裁赐。念单于国尚未安，方厉武节，以战攻为务，竽瑟之用，不如良弓利剑，故未以赍。朕不爱小物于单于，便宜所欲，遣驿以闻。"

班彪的奏言，回顾了西汉时期对匈奴的政策，以及北匈奴和南匈奴力量对比等因素，认为东汉朝廷在对北匈奴施恩的同时，更重要的是加强军事部署，恩威并施，也就是"两手抓，两手都要硬"。他的意见也得到了汉光武帝的重视。

也许有人会问，就算班彪曾在陇右和河西地区生活多年，他的文采也非常好，但这些奏疏动不动引经据典，引述前代的制度规程，班彪怎么会知道那么多？

这就涉及班彪其人的选择，他对做官没有多大的兴趣，反而醉心于史学研究，自然可以很熟练地古为今用。

第四节　写就《史记后传》，居官去世

一人之精，文重思烦，故其书刊落不尽，尚有盈辞，多不齐一。

——班彪《前史略论》

仕不为禄，所如不合；学不为人，博而不俗；言不为华，述而不作。

——《汉书·叙传》

班彪在陇右和河西地区时，因条件有限，且时局动荡，主要目标是早日归汉，有一个安身立命之所。

东汉建武十二年（公元 36 年），班彪随同安丰侯窦融来到东汉京师洛阳后，开始着手继续史学研究。

班彪安顿好一家人之后，立即派魏朗前往延陵，一方面到中秘之书副本的保管地，想办法将典籍带回到洛阳，另一方面争取找到他的堂兄班嗣。

　　魏朗不辱使命，他先是顺利地找到了中秘之书副本，雇了几辆马车全部包装好运走，随后来到昔日的班府。

　　一别十几年，眼前班府的破败景象，让魏朗心有戚戚然：大门残破不堪，房间里到处被翻得东倒西歪，家具上都是尘土，墙角的蜘蛛网结了一圈又一圈。

　　魏朗房前屋后找了好几遍，不仅没有找到班嗣，以前府内上上下下十几口人，也都没了踪影。

　　魏朗不甘心，从班府出来逢人就问，最后终于得到了班嗣的下落：已经外出云游多年，手下仆役全都遣散逃难，班府遭遇多次兵灾，已经物是人非。

　　随后，魏朗小心翼翼地带着中秘之书副本赶回洛阳向班彪复命。

　　班彪把中秘之书副本搬到书房，一本一本摩挲着，仿佛都是他的珍宝。

　　抚卷沉思，班彪能理解堂兄班嗣的选择，闲云野鹤、四海漂泊，正是老庄追随者的梦想。

　　不过，班彪对延陵班府的废弃，虽然早已有了心理准备，还是有些难过，毕竟那是他从小长大的地方。

正想着，魏朗走了进来，给了班彪一个小瓶子，里面装满了泥土，"这是从家里带回来的，也算一个念想。"

班彪一阵眼热，主仆二人相对默然。

魏朗打破了沉默："好在一切都已经过去了，我们都会过得更好。"

班彪一下子来了激情："是啊，大汉王朝又重新回来了，可喜可贺，我们去干一杯，来个一醉方休！"

两人大笑着，既是告别过去，也是期待未来。

班彪开始认真研究西汉的历史，专心在史学著述方面下功夫。

在此之前，司马迁曾在汉武帝刘彻时写下了一部《史记》，但汉武帝太初四年之后的历史，就没有再继续往下写了。

虽然褚少孙、刘向、刘歆、冯商、扬雄等十多位西汉学者，都曾下功夫补写或续写过《史记》，但这些续作都没有得到广泛认同，流传价值不大。

班彪认为自己可以完成这项工作，他孜孜不倦地采集前朝历史遗事，还从旁贯穿一些异闻见解，最终写下《史记后传》六十余篇。

不过，班彪虽然是在《史记》的基础上写《史记后传》，但他的观点与司马迁有不少出入，更加侧重对历史的梳理和点评。班彪在《前史略论》中明确写道：

唐、虞三代，《诗》《书》所及，世有史官，以司典籍，暨于诸侯，国自有史，故《孟子》曰："楚之《梼杌》，晋之《乘》，鲁之《春秋》，其事一也。"定、哀之间，鲁君子左丘明论集其文，作《左氏传》三十篇，又撰异同，号曰《国语》，二十一篇，由是《乘》《梼杌》之事遂暗，而《左氏》《国语》独章。又有记录黄帝以来至春秋时帝王公侯卿大夫，号曰《世本》，一十五篇。春秋之后，七国并争，秦并诸侯，则有《战国策》三十三篇。汉兴定天下，太中大夫陆贾记录时功，作《楚汉春秋》九篇。孝武之世，太史令司马迁采《左氏》《国语》，删《世本》《战国策》，据楚、汉列国时事，上自黄帝，下讫获麟，作本纪、世家、列传、书、表百三十篇，而十篇缺焉。迁之所记，从汉元至武以绝，则其功也。至于采经摭传，分散百家之事，甚多疏略，不如其本，务欲以多闻广载为功，论议浅而不笃。其论术学，则崇黄老而薄《五经》；序货殖，则轻仁义而羞贫穷；道游侠，则贱守节而贵俗功：此其大敝伤道，所以遇极刑之咎也。然善述序事理，辩而不华，质而不野，文质相称，盖良史之才也。诚令迁依《五经》之法言，同圣人之是非，意亦庶几矣。

夫百家之书，犹可法也。若《左氏》《国语》《世本》《战国策》《楚汉春秋》《太史公书》，今之所以知古，后之所由观前，圣人之耳目也。司马迁序帝王则曰本纪，公侯传国则曰世家，卿士特起则曰列传。又进项羽、陈涉而黜淮南、衡山，细意委曲，条例不经。若迁之著作，采获古今，贯穿经传，至广博也。一人之精，文重思烦，故其书刊落不尽，尚有盈辞，多不齐一。若序司马相如，举郡县，著其字，至萧、曹、陈平之属，及董仲舒并时之人，不记其字，或县而不郡者，盖不暇也。今此后篇，慎核其事，整齐其文，不为世家，惟纪、传而已。传曰："杀史见极，平易正直，《春秋》之义也。"

在这里，班彪先是简要追述了先秦、秦汉之际的史官和史籍，并着重评论了司马迁所著《史记》的内容、体裁、体例和思想。

班彪还充分肯定了司马迁的史才，但也对司马迁"崇黄老而薄五经""轻仁义而羞贫穷""贱守节而贵俗功"等思想明确提出反对，表明了自己的正统观点。

由于年代久远，班彪所著的《史记后传》没能流传下来，但《史记后传》为以后班彪的儿子班固著述《汉书》打下了基础，如今《汉书》中的汉元帝、汉成帝二纪及韦贤、翟方进、元后三传的《赞》，都还保留有班彪的史论文字。

后来，班彪又被选任为望都长，他还是一如既往，工作兢兢业业，办事明察秋毫，因此得到了下属和老百姓的爱戴。

东汉建武二十九年（公元 53 年），班彪在处理公务之余，游览冀州胜景，心中无限感慨，于是挥笔写下了一篇《冀州赋》：

夫何事于冀州，聊托公以游居。历九土而观风，亦哲人之所虞。

遂发轸于京洛，临孟津而北厉。想尚甫之威虞，号苍兕而明誓。

既中流而叹息，美周武之知性。谋人神以动作，享乌鱼之瑞命。

瞻淇澳之园林，善绿竹之猗猗。望常山之嵯峨，登北岳而高游。

嘉孝武之乾乾，亲饰躬于伯姬。建封禅于岱宗，瘗玄玉于此丘。

遍五岳与四渎，观沧海以周流。鄙臣恨不及事，陪后乘之下僚。

今匹马之独征，岂斯乐之足娱？且休精于敝邑，聊卒岁以须史。

在赋中，班彪不仅写出了美景，更追忆圣君，抒发了自己的暮年远志。

东汉建武三十年（公元54年），班彪死在任上，终年五十二岁。

班彪的一生，正好卡在两汉之际的复杂历史形势中，虽然刚开始避居西北，但他始终保持正统观念，看得清世务，鼓吹"王命"，促进统一，最终投靠刘秀。虽然政治上没有太大的成就，但他撰写《史记后传》，留下"三赋"，可谓文字留芳。

南朝宋史学家、《后汉书》作者范晔在写完班彪的一生后，有一段经典的评价："班彪以通儒上才，倾侧危乱之间，行不逾方，言不失正，仕不急进，贞不违人，敷文华以纬国典，守贱薄而无闷容。彼将以世运未弘，非所谓贱焉耻乎？何其守道恬淡之笃也。"

班彪去世后，他的家族陷入了危机，首先考验的，就是他的大儿子班固。

第六章

班固：

危机背后有机遇

积极寻求出仕，东平
王流水无情

洛阳太学名显，返乡撰写
《汉书》

班固被诬"私修国史"，
班超策马为兄申冤

《世祖本纪》小试牛刀，
受诏继续修史

第一节　洛阳太学名显，返乡撰写《汉书》

所学无常师，不为章句，举大义而已。性宽和容众，不以才能高人，诸儒以此慕之。

——《后汉书·卷四十上·班彪列传第三十上》

非精诚其焉通兮，苟无实其孰信！操末技犹必然兮，矧湛躬于道真！

——班固《幽通赋》

东汉建武三十年（公元54年），望都长班彪去世时，他二十三岁的儿子班固正在洛阳太学，父亲的死，令他痛不欲生，之前的场景，一幕幕出现在脑海。

班固出生于东汉建武八年（公元32年），当时他的父亲班彪还在安丰侯、凉州牧窦融所在的河西地区避难，但已经与东汉朝廷接上头，归汉之心特别明确。

班固的牙牙学语时期，就在河西地区度过，虽然营帐外战马奔跑如飞，班固却总是跟着父亲班彪的节奏，听着完全理解不了的经书字句。

东汉建武十二年（公元 36 年），五岁的班固跟随父亲班彪来到东汉京师洛阳，随着父亲致力于整理史籍和著述，班固也每天耳濡目染，对经书典籍特别感兴趣。

东汉建武十六年（公元 40 年），在父亲班彪的指导下，九岁的班固已经可以写简单的文章，诵读起诗词歌赋来也是朗朗上口，他的早慧令人惊奇。

班彪晚年潜心著述《史记后传》，家里到处都是各种版本的西汉史料、文献，班固也乐意帮父亲整理这些书籍，经常一读就是一天，丝毫不觉得疲惫。

东汉建武二十年（公元 44 年），东汉学者王充到东都洛阳游学，特意前去拜访班彪，见到当时才十三岁的班固时，他对班固的才识和史学天赋很惊讶。

临别时，王充抚着班固的背，对班彪说了这么一句意味深长的话："此儿必记汉事。"

这就等于是告诉班彪，您老的事业后继有人了！班彪笑了笑，对儿子也是一脸自豪。可以看得出，班固确实是少年英才。

东汉建武二十三年（公元47年），十六岁的班固进入洛阳太学深造，这里是东汉王朝的最高学府。

班固学习非常用功，不仅能够耐下心来，深入钻研各种经书典籍，还拜访了太学里的很多名师大儒，不拘泥于一家之言，也不停留在一章一句的理解上，而是学到了贯通经籍的大义。

更为难得的是，班固虽然才学超人，但他本性宽容随和，并不恃才傲物，赢得了李育、傅毅等众多士林的交口称赞。

其中，傅毅既是班固的老乡，也是一位洛阳太学的风云人物，和班固结下了一生的渊源。

如今，父亲班彪已经去世，班固不得不忍痛放弃学业，临别时，傅毅送出城外十多里地，对班固说道："孟坚（班固的字）兄节哀，前路漫漫，你的才学一定能有更大的发挥，我们肯定还会再相见！"

班固重重地点点头，拱手告别后，立即赶回班府，料理父亲班彪后事的同时，他还要安抚年迈的母亲和弟弟妹妹，忙得焦头烂额。

安葬完父亲班彪后，班固发现了一个非常现实的问题：由于一直以来全家都靠父亲的俸禄生活，现在父亲走了，一下子生计无着了！

无奈之下，班固只好中断洛阳太学的学业，从京城迁回扶风安陵（今陕西咸阳东北）老家居住。

从官宦之子，到乡里平民，突然遭遇如此巨大的身份落差，这对上进心很强的班固来说，实在是一个沉重的打击。

在老宅里，班固伏案沉思，几个时辰后，他提笔写下了《幽通赋》：

系高顼之玄胄兮，氏中叶之炳灵，由凯风而蝉蜕兮，雄朔野以飐声。皇十纪而鸿渐兮，有羽仪于上京。巨滔天而泯夏兮，考遘愍以行谣，终保己而贻则兮，里上仁之所庐。懿前烈之纯淑兮，穷与达其必济，咨孤矇之眇眇兮，将圮绝而罔阶，岂余身之足殉兮？聘世业之可怀。

靖潜处以永思兮，经日月而弥远，匪党人之敢拾兮，庶斯言之不玷。魂营营与神交兮，精诚发于宵寐，梦登山而迥眺兮，觌幽人之仿佛，揽葛藟而授余兮，眷峻谷曰勿隧。旳昕寤而仰思兮，心蒙蒙犹未察，黄神邈而靡质兮，仪遗谶以臆对。曰乘高而迁神兮，道遐通而不迷，葛绵绵于樛木兮，咏《南风》以为绥，盖惴惴之临深兮，乃《二雅》之所祗。既谇尔以吉象兮，又申之以炯戒：盍孟晋以迨群兮？辰倏忽其不再。

承灵训其虚徐兮，伫盘桓而且俟，惟天地之无穷兮，鲜生民之晦生。纷屯亶与蹇连兮，何艰多而智寡！上圣寤而后拔兮，岂群黎之所御！昔卫叔之御昆兮，昆为寇而丧予。管弯弧欲毙雠兮，雠作后而成已。变化故而相诡兮，孰云豫其终始！雍造怨而先赏兮，丁繇惠而被戮，栗取吊于逌吉兮，王膺庆于所戚。畔回冗其若兹兮，北叟颇识其倚伏。单治里而外凋兮，张修襮而内逼，聿中和为庶几兮，颜与冉又不得。溺招路以从己兮，谓孔氏犹未可，安悯悯而不葂兮，卒陨身乎世祸，游圣门而靡救兮，顾覆醢其何处？固行行其必凶兮，免盗乱为赖道；形气发于根柢兮，柯叶汇而灵茂。恐网蜎之责景兮，庆未得其云已。

黎淳耀于高辛兮，芈强大于南氾；嬴取威于百仪兮，姜本支乎三止：既仁得其信然兮，卬天路而同轨。东邻虐而歼仁兮，王合位乎三五；戎女烈而丧孝兮，伯徂归于龙虎：发还师以成性兮，重醉行而自耦。《震》鳞漦于夏庭兮，匜三正而灭姬；《巽》羽化于宣官兮，弥五辟而成灾。

道悠长而世短兮，敻冥默而不周，胥仍物而鬼诹兮，乃穷宙而达幽。妫巢姜于孺筮兮，旦算祀于契龟。宣、曹兴败于下梦兮，鲁、卫名谥于铭谣。姒聆呱而刻石兮，许相理而鞠条。道混成而自然兮，术同原而分流。神先心以定命兮，命随行以消息。翰流迁其不济兮，故遭罹而赢缩。三栾同于一体兮，虽移盈然不惑。洞参差其纷错兮，斯众兆之所惑。周、贾荡而贡愤兮，齐死生与祸福，抗爽言以矫情兮，信畏牺而忌服。

所贵圣人之至论兮，顺天性而断谊。物有欲而不居兮，亦有恶而不避，守孔约而不贰兮，乃辅德而无累。三仁殊而一致兮，夷、惠舛而齐声。木偃息以蕃魏兮，申重茧以存荆。纪焚躬以卫上兮，晧颐志而弗营。侯草木之区别兮，苟能实而必荣。要没世而不朽兮，乃先民之所程。

观天罔之纮覆兮，实棐谌而相顺，谟先圣之大繇兮，亦邻德而助信。虞《韶》美而仪凤兮，孔忘味于千载。素文信而厎麟兮，汉宾祚于异代。精通灵而感物兮，神动气而入微。养游睆而猿号兮，李虎发而石开。非精诚其焉通兮，苟无实其孰信！操末技犹必然兮，矧湛躬于道真！

登孔、颢而上下兮，纬群龙之所经，朝贞观而夕化兮，犹喧己而遗形，若胤彭而偕老兮，诉来哲以通情。

乱曰："天造草昧，立性命兮，复心弘道，惟贤圣兮。浑元运物，流不处兮，保身遗名，民之表兮。舍生取谊，亦道用兮，忧伤夭物，悉莫痛兮！昊尔太素，曷渝色兮？尚粤其几，沦神城兮！"

在《幽通赋》中，班固追古及今，通过反省北叟、单豹、张毅等多位历史人物的曲折遭际，认识到了祸福的无常，对自己的遭遇有了更加清醒的认识。

　　班固认真整理着父亲班彪留下的《史记后传》等遗稿，在全部翻阅一遍后，他认为在内容上还不够详备，布局也有待改进，还有一部分需要重新续写。

　　于是，班固在《史记后传》的基础上，利用家藏的丰富典籍，正式开始了撰写《汉书》的生涯。

　　不过，班固在写书的同时，也在悄悄关注着时局的变化，有一个机会，就被他很好地抓住了。

第二节　积极寻求出仕，东平王流水无情

永平初，东平王苍以至戚为骠骑将军辅政，开东合，延英雄。

——《后汉书·卷四十上·班彪列传第三十上》

昔卞和献宝，以离断趾，灵均纳忠，终于沉身，而和氏之璧，千载垂光，屈子之篇，万世归善。

——班固《奏记东平王苍》

班固回老家三年后，发生了一件大事。

东汉建武中元二年（公元 57 年），六十二岁的汉光武帝刘秀在京师洛阳的南宫前殿逝世，皇太子刘庄继位，是为汉显宗孝明皇帝。

汉明帝刘庄登基后，继续奉行汉光武帝在位时期的各项政策，积极发展民生，同时非常重视吏治，对外戚、大臣以至宗

室诸王控御极严。

不过，汉明帝的同母弟弟东平王刘苍却是一个例外。

东汉永平元年（公元 58 年），汉明帝任命东平王为骠骑将军，留在京师辅政，位在三公之上，并准许他选用辅助官员四十人。

汉明帝对东平王的信任很明显，而东平王也并非庸人，而是汉光武帝所有儿子里最有才能的一位。

身在老家的班固得知东平王正在选贤任能的消息后，认为这是一个出仕的好机会，为了显示自己的见识和才能，便以举荐人才为名，挥笔写下了一篇《奏记东平王苍》：

> 将军以周、邵之德，立乎本朝，承休明之策，建威灵之号，昔在周公，今也将军，《诗》《书》所载，未有三此者也。传曰："必有非常之人，然后有非常之事；有非常之事，然后有非常之功。"固幸得生于清明之世，豫在视听之末，私以蝼螳，窃观国政，诚美将军拥千载之任，蹑先圣之踪，体私懿之姿，据高明之势，博贯庶事，服膺《六

艺》，白黑简心，求善无厌，采择狂夫之言，不逆负薪之议。窃见幕府新开，广延群俊，四方之士，颠倒衣裳。将军宜详唐、殷之举，察伊、皋之荐，令远近无偏，幽隐必达，期于总览贤才，收集明智，为国得人，以宁本朝。则将军养志和神，优游庙堂，光名宣于当世，遗烈著于无穷。

窃见故司空掾桓梁，宿儒盛名，冠德州里，七十从心，行不逾矩，盖清庙之光晖，当世之俊彦也。京兆祭酒晋冯，结发修身，白首无违，好古乐道，玄默自守，古人之美行，时俗所莫及，扶风掾李育，经明行著，教授百人，客居材陵，茅室土阶。京兆、扶风二郡更请，徒以家贫，数辞病去。温故知新，论议通明，廉清修洁，行能纯备，虽前世名儒，国家所器，韦、平、孔、翟，无以加焉。宜令考绩，以参万事。京兆督邮郭基，孝行著于州里，经学称于师门，政务之绩，有绝异之效。如得及明时，秉事下僚，进有羽翮奋翔之用，退有杞梁一介之死。凉州从事王雍，躬卞严之节，文之以术艺，凉州冠盖，未有宜先雍者也。古者周公一举则三方怨，曰"奚为而后已"。宜及府开，以慰远方。弘农功曹史殷肃，达学洽闻，才能绝伦，诵《诗》三百，奉使专对。此六子者，皆有殊行绝才，德隆当世，如蒙征纳，以辅高明，此山梁之秋，夫子所为叹也。

昔卞和献宝，以离断趾，灵均纳忠，终于沉身，而和氏之璧，千载垂光，屈子之篇，万世归善。愿将军隆照微之明，信日昊之听，少屈威神，咨嗟下问，令尘埃之中，永无荆山、汩罗之恨。

在这篇奏记中，班固使出了浑身解数，不仅文采飞扬，还很有层次感：

首先，班固用一大段文字，来歌颂东平王，把他比作周朝时的周公，可谓是至高的评价了；

接着，班固又抬出了汉明帝准许东平王开幕府，广招天下贤良的布告，鼓励东平王真正举贤任能，招到最有用的人才；

最后，班固放出了大招，他给故司空掾桓梁、京兆祭酒晋冯、扶风掾李育、京兆督邮郭基、凉州从事王雍、弘农功曹史殷肃等六人，逐一写了一段精辟的推荐语，并告诉东平王，这六个人就和当年的和氏璧一样，绝对都是人才，不用就是千古遗恨啊！

作为深受皇兄汉明帝信任的辅政贤王，东平王当然不愿错过这些人才，班固的建议大部分被采纳。

然后，就没有然后了……

班固心底千万次呐喊：选我，选我，选我！

可结果就是，班固的这封另类自荐信，只起到了他荐的作用，对他本人而言，没有激起一点水花。

估计班固只恨自己当初脸皮太薄，没有加上自己的名字吧……

唉声叹气两百次之后，班固知道机会已经错过了，收拾一下心态，继续猫在乡下老宅里写《汉书》。

然而，事情没有那么简单，灾祸也在不知不觉间降临了。

大汉史家：班氏列传

第三节 班固被诬"私修国史"，班超策马为兄申冤

> 固弟超恐固为郡所核考，不能自明，乃驰诣阙上书，得召见，具言固所著述意。
>
> ——《后汉书·卷四十上·班彪列传第三十上》
>
> 有口辩，而涉猎书传。
>
> ——《后汉书·卷四十七·班梁列传第三十七》

班固每天的主要工作，就是看书、写字，他需要查阅的资料太多，以至于经常忘记吃饭、睡觉的时间。

可是，有人盯上了班固。

东汉永平五年（公元62年）的一天，班固和平时一样，在为撰写《汉书》翻阅典籍，突然，扶风郡的一队官兵强行冲进他家，找到他后立即逮捕，然后迅速将他关进了京兆监狱，他先前写的书稿也尽数被官府查抄。

到底发生了什么事？性质很恶劣。

原来，有人发现班固在整理西汉时期的资料后，偷偷向朝廷上书，告发班固"私修国史"！

"私修国史"又是什么？后果很严重。

在此之前，班固的同郡人苏朗曾被人告发伪造图谶，散布虚妄的预言，结果很快就被下狱处死。

所以，这次班固入狱，班家上下非常紧张，但又不知道该怎么办，大家只能祈祷班固平安无事。

如果事情照这个局势走下去，班固只怕是要步苏朗后尘，凶多吉少了。

但一个人的出现，改变了班固的命运。

他就是班固的弟弟班超。

班超很熟悉哥哥班固，担心他很可能会因遭到郡署的严刑拷问，而无法证明自己的清白。

班超不甘空守家门，任由命运摆布，眼看着哥哥班固遭此无妄之灾，于是不顾家人的反对，决定快马加鞭，远赴京师为兄申冤。

班超为何敢于这么做呢？这与他的成长经历有关。

班超和哥哥班固同一年出生，相差不大的两兄弟感情非常深厚，但他们的性情却有很大不同。

当年在河西地区时，班超最喜欢的，就是在营帐门口看战马，他觉得骑上战马作战，才是一个男人的本色。

班超的心思不在书房，而是有着建功立业的远大志向，他做事从不在意细枝末节，只会抓住最重要的去办。

父亲班彪去世后，班超对家人还是跟以前一样保持孝顺恭谨的态度，什么苦活累活都抢着做，当时很多读书人都觉得做农活很低贱，但班超却不以为然，任劳任怨。

更厉害的是，班超的口才很好，他从小跟着父兄博览群书，尤其喜欢阅读《公羊春秋》，对其中一些精彩的片段，都能倒背如流。

如今哥哥班固有难，班超认为是自己挺身而出的时候了。

班超一刻都不敢耽搁，他一路风餐露宿，策马穿华阴、过潼关，赶到京师洛阳便上书有司，为哥哥班固申冤。

班超千里奔波、为兄申冤的举动，引起了汉明帝刘庄对这一案件的重视，特旨召见班超，要求他说明冤屈所在。

班超从容不迫，行过大礼之后，朗声向汉明帝说道："陛下，先父望都长班彪，一生忠于汉室，所有著述都是宣扬我们大汉的威名，留下《史记后传》等多部遗稿，我的哥哥太学生班固，学业宏达有成，决心为父续史，而他的目的，和先父是一脉相承的，都是为了宣扬我们大汉的威名啊！"

汉明帝对班彪的学识和品行有所了解，他命人安排班超先到馆驿休息，准备再看看这个案子。

就在这时，扶风郡的官员也将查抄到的班固书稿，送到了京师洛阳。

汉明帝仔细阅读了班固的书稿，对他的才华赞叹不已，同时也意识到他修《汉书》，对东汉王朝的积极意义，立即下旨将班固释放。

班固出狱后不久，汉明帝便将他召进京都皇家校书部，拜为兰台令史，掌管和校定皇家图书。

班固和弟弟班超喜极而泣，两人激动得一夜未眠。

班超告别哥哥班固，再次返回家乡，将班固因祸得福的消息告诉家人，然后收拾行李，带着母亲一同迁居京师洛阳，投奔班固。

至此，在东汉建武三十年（公元54年）被迫离京归乡，八年后，班固又回到了京师洛阳，家人也一起跟随而来。

班固心中无限感慨，而上天给予他的大礼，也快要到来了。

第四节　《世祖本纪》小试牛刀，受诏继续修史

> 帝乃复使终成前所著书。
>
> ——《后汉书·卷四十上·班彪列传第三十上》

班固担任兰台令史后，汉明帝刘庄下诏，命他与前睢阳令陈宗、长陵令尹敏、司隶从事孟异等人，共同编撰《世祖本纪》，也就是关于汉光武帝刘秀事迹的书籍。

班固不敢有任何懈怠，他与陈宗等人同心协力，一起查阅史料，很快就写成了《世祖本纪》。

汉明帝看过《世祖本纪》后，对班固的能力大加肯定，晋升他为校书郎，负责整理校雠皇家图书。

此后，班固按照汉明帝的谕旨，继续修撰汉光武帝一朝的史事，陆续写出了东汉功臣、平林起义军、新市起义军和成家帝公孙述等事迹，总共完成列传、载记二十八篇。

这样，汉光武帝一朝的历史记载大体齐备，也就是后世《东观汉记》的汉光武帝部分。

《东观汉记》是东汉王朝的纪传体史书，自汉明帝以后，汉章帝、汉安帝、汉桓帝、汉灵帝、汉献帝等历朝都有续修，班固则是在《东观汉记》这部书的创始阶段，开了一个好头。

班固卓越的才华，也在这过程中得到了汉明帝的赏识，君臣之间就《汉书》的修撰，开始了一段严肃的对话。

"大汉先前两百多年的资料，在新莽时期和混战阶段，受到了极大的破坏和销毁，你有信心能写得出来吗？"汉明帝不解地问班固。

"臣家中留有汉成帝御赐的中秘之书副本，幸而保存完好至今，先父在世时，一直在收集整理这些资料，并已经写出了《史记后传》等多部遗稿，我有独立完成修撰汉史的信心和能力，还望陛下能给一个机会。"班固很有底气地说道。

"那你修撰汉史，想达到什么目的呢？"汉明帝笑着问道。

"宣扬我们大汉的威名，让后世知道，我们曾经创造了怎样的辉煌！"班固的回答掷地有声。

"很好，既然你有这个想法和信心，朕一定会想办法的。"汉明帝给了班固一个肯定的回答，便让他出宫了。

几天后，汉明帝下诏，要求班固继续先前的《汉书》修撰工作，并且会在所需书籍和资料上，给予他一定的支持。

班固接过诏书，内心无法平静。

从私撰《汉书》到受诏修史，其中的辛酸难以言说，班固终于迎来了人生中的重要转机。

虽然校书郎的官阶较低，但毕竟是在皇家工作，班固平时与汉明帝接触的机会比较多，逐渐得到了汉明帝的宠爱。

而且，班固的生活比较安定，还有条件接触并利用皇家丰富的藏书，这对他修撰《汉书》来说，无疑在搜集资料上要方便很多。

更重要的是，汉明帝的一纸诏书，使班固著史有了合法性依据，再也不用担惊受怕，可以全身心地投入撰写《汉书》的事业中。

班超也为哥哥班固感到高兴，虽然他还处在人生的低谷期，但他对未来充满期待。

班氏列传

班氏列传

HISTORIANS IN THE
HAN DYNASTY

大汉史家

王世东 / 著

下

Family of Heroes
The Ban in the Han Dynasty

团结出版社
UNITY PRESS

下
册

第七章
班超：
机会留给有准备的人

投笔从戎之叹

窦固西征，班超得偿所愿

班超一使西域，智杀北匈奴使者

班超二使西域，将计就计镇抚于阗

班超智擒疏勒伪王，不杀以立汉威

第一节　投笔从戎之叹

大丈夫无它志略，犹当效傅介子、张骞立功异域，以取封侯，安能久事笔研间乎？

——班超

帝乃除超为兰台令史，后坐事免官。

——《后汉书·卷四十七·班梁列传第三十七》

与哥哥校书郎班固相比，班超就是一个典型的待业青年。

当时，班固的俸禄并不足以养活一家老小，班超也不愿意待在家里吃闲饭，但又没有可以晋升的机会，只好经常以替官府抄写文书为业，用以补贴家用。

虽然我们现在习惯于用手机、电脑打字，很多人甚至都不怎么会写字了，但小时候写作业写到天昏地暗，想必是每一个学生心中的痛。

对班超来说，抄写官府文书的工作一方面特别耗时耗力，因为是用毛笔一个字一个字写上去，损耗的力气更多；另一方面，整天困在斗室之间，让他特别憋闷得慌。

有一天，伏案挥毫半晌，班超感觉两条胳膊又酸又麻，浑身不得劲，想起自己以前的梦想，他不禁长叹一口气，于是暂时停止了抄写，把毛笔放回砚台上，大发感叹道："大丈夫无它志略，犹当效傅介子、张骞立功异域，以取封侯，安能久事笔研间乎？"

班超胸中的豪气不减，他以大丈夫自居，认为自己的理想和抱负，应该是效法在异域建功立业的傅介子和张骞两位前辈，争取以军功来封侯晋爵，而不是整天干些抄抄写写的工作。

班超显然是把傅介子和张骞当成了自己的榜样，这两位又是什么人物呢？

傅介子是西汉传奇冒险家，元凤年间，因龟兹、楼兰两国之前都杀过汉朝的使者，时任骏马监的傅介子请求出使西域，他带着汉昭帝刘弗陵的诏书，将楼兰王和龟兹王责备了一通，二王表示服罪，随后又在龟兹人的配合下，率领汉军一起斩杀了匈奴使者。回到京城长安后，汉昭帝对傅介子的做法很满意，下诏任命他为中郎，升为平乐监。

但傅介子觉得效果还不明显，他向当时执掌朝政的大将军霍光请命，再次带人去楼兰国，伺机刺杀楼兰王。傅介子利用楼兰王贪图汉朝财物的弱点，在酒足饭饱之后，将楼兰王招进一个单独的帐幕中，这时，傅介子提前安排好的两个壮士从后面直接杀死了楼兰王。随后安定局势，另立以前留在汉朝为人质的楼兰太子为王。傅介子带着楼兰王的首级回到京师后，成了汉朝人的英雄，汉昭帝因此封他为义阳侯。

与傅介子相比，张骞更是我们熟悉的一位大人物。就是张骞开拓的丝绸之路。

西汉建元二年（公元前139年），张骞奉汉武帝刘彻之命，首次出使西域，中间被匈奴人扣留和软禁了十一年之久，直到西汉元朔三年（公元前126年）才逃回长安，汉武帝封他为太中大夫。

西汉元狩四年（公元前119年），汉武帝再任张骞为中郎将，第二次出使西域，其间，张骞因军功被汉武帝封为博望侯。

班超以这两位大人物作为学习的榜样，可见他的心志远非常人，但身边的同僚都偷偷笑他，甚至还有好事者争着奚落他，劝班超先把抄写文书的工作做好，白日梦就别做了。

班超没有气馁，反而凌然起身，霸气回应一句："小子安知壮士志哉！"

班超的这段实际行动，还被后世归纳为一个成语——"投笔从戎"。

但壮士的志向再高远，也架不住身边"小子"的无视、冷落，班超也想验证一下自己所思所想是否可行，于是他来到了市集上。

班超不是要买东西，他也买不起，而是要找一个算命先生。

逛了一大圈，班超看中了"长安第一算"，开始坐下来倾诉自己的想法。

白须飘飘的算命先生耐心听完后，给了班超一个结论："祭酒，布衣诸生耳，而当封侯万里之外。"

班超一听"封侯万里"，乐了：我可不愿意跟其他读书人一样，当个小官安安稳稳过日子，到万里之外建功立业、封侯拜爵，才是心头好。

但班超有点不放心，他怕算命先生寻他开心，就连问十八个为什么，想看看算命先生能不能给他一个理由。

算命先生盯着班超看了半天，然后不慌不忙地说了这么一句话"生燕颔虎颈，飞而食肉，此万里侯相也"。

简单来说，就是你班超长的就是万里封侯的样子啊！

班超更高兴了，觉得算命先生就是有眼光，"长安第一算"还是灵的，硬是把身上所有值钱的物件都给了他，才高高兴兴地离开。

有了算命先生的忽悠，班超就像被打了一剂强心针，而除了家人的鼓励外，班超还有一个知己——平陵人徐干。

徐干当时在京师洛阳以杀猪为生，虽然看似粗鄙，却也有平虏报国之志。

班超与徐干的相识，就是在市集上的一次合力抓贼，两人配合默契，之后一聊下来，更是相见恨晚，约定将来有机会要共谋大业。

班固对弟弟班超的状况也很着急，有一次，汉明帝在召见班固时，突然想起了之前为救班固冒险上书的班超，就随口问了一下班超的情况。

班固略带辛酸地回复道："为官写书，受直以养老母。"

汉明帝非常欣赏班超的勇气和辩才，觉得他屈身于抄写文书实在埋没人才，便召见了班超，授他为兰台令史，掌管奏章和文书。

虽然这是一个文职工作，并不是班超心中所想，但他还是很珍惜这次机会，每天都很努力。

可班超的霉运还在继续，或者说他确实不适合干文职，没过不久，他就因一次小的过失而被免职，只能再次拿起纸笔抄文书。

只不过，这时的班超坚定了心底的声音，他选择静观时局，等待着自己实现抱负的机会。

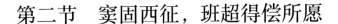

第二节 窦固西征，班超得偿所愿

（班超）将兵别击伊吾，战于蒲类海，多斩首虏而还。

——《后汉书·卷四十七·班梁列传第三十七》

当时，经过汉光武帝、汉明帝两代皇帝的励精图治，天下安定，百姓和乐，汉明帝想要效仿汉武帝刘彻，恢复与西域各国的联系，重新树立汉朝的国威。

但要想达到这一点很难，形势非常不好。

由于西汉末年、新朝时期乃至东汉初年的战乱频仍，西域诸国早就与东汉王朝没有了联系，反而被北匈奴分化控制。

北匈奴还借西域诸国之力，多次进犯东汉的河西各郡，边地百姓不堪其苦，但也无可奈何。

因此，想要重建西域各国与东汉王朝的关系，就必须西击他们之间的障碍——北匈奴。

北匈奴的势力相当庞大，绝非一个寻常的对手，汉明帝痛定思痛，召集群臣多次商议后，最终下定了决心。

东汉永平十六年（公元73年），汉明帝命显亲侯、奉车都尉窦固，谒者仆射、驸马都尉耿秉等人，分四路出兵攻打北匈奴，并允许他们自行设置从事中郎、司马等属官。

班超抓住了这次机会。

窦固任命班超为假司马，随军一同西征。

班超终于实现了"投笔从戎"的愿望，不过，身份显赫的侯爷窦固，为什么愿意做班超的伯乐呢？

原来，窦固是安丰戴侯、大司空窦融的侄子，显亲侯、城门校尉窦友的儿子，窦融窦友兄弟与班超的父亲班彪有旧，在河西地区共患难多年，归附东汉朝廷后，窦氏一族开始显贵无比，班家却没能在仕途上取得多大的成就，但在做学问上，却是数一数二的。

窦班两家人虽然地位悬殊，但也时有走动，窦固和班超也认识，他很清楚班超的想法和志向，就借着这次出征的机会，把班超也带上一起，也算是两家人的再一次紧密互动。

出征前，班超找徐干辞行，两人你一杯我一杯，说了千言万语，也喝了好几坛子美酒。

最后，徐干给班超交底："兄弟，我这次真的想跟你一起出征，奈何父母身染恶疾，急需有人照顾，我想实践我的抱负，但家中二老，我也不忍啊！"

班超抱拳回道："兄弟有心就好，你先照顾好父母，以后建功立业，我还要找你帮大忙呢。"

徐干激动起来："若日后兄弟需要，只听一声招呼，我把家小安顿好，一定赴汤蹈火，在所不辞。"

两人聊了一宿的话，不知东方之既白。

班超的母亲和哥哥班固，也很高兴他找到了自己最合适的舞台，除了叮嘱他的安全，更是对他千里挥别的不舍。

告别家人朋友后，班超走进军营，告别了洛阳城。

这是班超一生最长久的一次远征，他这时还没想到那么多，因为在军队里，他哪里都自在，而且特别善于和士兵打交道，赢得他们的信任。

窦固大军出酒泉（郡治禄福，今甘肃酒泉市）塞后，分一小部分兵马给班超，让他们去进攻伊吾。

大汉史家：班氏列传

　　班超没有任何迟疑，他率部火速出击，在蒲类海与北匈奴军队相遇，班超亲自上阵杀敌，鼓舞士气，一顿冲杀之后，北匈奴军队四散离去，班超他们斩获甚多。

　　返回大本营后，班超把战况一五一十地告诉了窦固，窦固对班超初次作战，便取得如此胜仗很是惊讶。

　　这时，窦固正在琢磨出使西域的人选，他见班超如此能干，觉得班超可以委以重任，就派班超和从事郭恂，带领数十位精兵一起出使西域。

　　接到出使西域的命令后，班超仿佛见到了前行者义阳侯傅介子、博望侯张骞，心中的喜悦无法自抑，仰天长啸道："西域，我来啦！"

　　事实上，西域诸国错综复杂的乱局，也在等待着班超这位有心人。

第三节　班超一使西域，智杀北匈奴使者

不入虎穴，不得虎子。当今之计，独有因夜以火攻虏，使彼不知我多少，必大震怖，可殄尽也。灭此虏，则鄯善破胆，功成事立矣。

——班超

超于是召鄯善王广，以虏使首示之，一国震怖。超晓告抚慰，遂纳子为质。

——《后汉书·卷四十七·班梁列传第三十七》

经过充分的准备之后，班超和郭恂率领部下，向西域进发，他们首先来到了鄯善国。

得知班超等人来自东汉王朝后，鄯善王广追忆起了先祖流传下来的关于大汉天威的种种故事，于是对他们嘘寒问暖，把鄯善国内最好的东西都拿了出来，殷勤款待班超等人，非常

恭敬。

班超等人提出，希望鄯善国与东汉王朝重建邦交，鄯善王广也是满口答应，连称求之不得。

郭恂等人非常高兴，觉得使命已经完成在望，大家都放松了很多，但班超没有放松警惕，他认为北匈奴经营西域多年，事情不会这么简单的。

几天后，鄯善王广的态度突然冷淡下来，不仅绝口不提重建邦交的事，对班超等人也开始不闻不问，仿佛没有来过。

郭恂等人开始抱怨吃不饱睡不好，大骂胡人无情无义，翻脸比翻书还快。

班超不动声色，仿佛什么事都没有发生，整天在鄯善国都内四处转悠，精气神十足。

入夜后，班超估摸着鄯善人已经放松戒备，就轻手轻脚地把熟睡中的三十六名部属叫起来，对他们说："宁觉广礼意薄乎？此必有北虏使来，狐疑未知所从故也。明者睹未萌，况已著邪。"

原来，班超比谁都清楚情况发生了变化，他的判断是，北匈奴使者已经到了鄯善国，这就让鄯善王广在东汉王朝和北匈奴之间如何选边站队，开始犹豫起来。

班超认为，他们不能坐以待毙，该开始采取行动了。

班超的部下们听得一愣一愣的，有些将信将疑。

班超说："马上给你们看一场好戏。"

于是，班超命部下们躲在屏风后面和侧房中，然后派人把负责接待他们的鄯善侍者找了过来。

鄯善侍者进门后，班超还没等他坐定，就出其不意地问了这么一句："匈奴使来数日，今安在乎？"

班超很会揣摩人的心思，他明确告诉鄯善侍者，他已经知道北匈奴使者来好几天了，他要求鄯善侍者立即说出北匈奴使者的居住地。

鄯善侍者完全没想到班超会来这么一出，一下子呆在那里，坐也不是站也不是。

班超怒目圆睁，手握刀柄，直视鄯善侍者，惊惧之下，鄯善侍者只好把他知道的关于北匈奴使者的一切情况都照实说了。

效果和班超预想的一样，他立即吩咐部下们将鄯善侍者关押起来，以防他反应过来以后，给鄯善王广和北匈奴使者通风报信。

先前躲在屏风后面和侧房里的部下们，看到班超这么漂亮的一手，都彻底服气了。

班超知道，成败在此一举。这三十六名部属平时都跟班超很熟识，彼此间有一定的信任度，班超把他们全部聚集在大堂里，一起饮酒吃肉。

等到大家都喝到似醉非醉的时候，班超突然放下了酒杯，一本正经地说道："卿曹与我俱在绝域，欲立大功，以求富贵。今虏使到裁数日，而王广礼敬即废；如令鄯善收吾属送匈奴，骸骨长为豺狼食矣。为之奈何？"

班超不愧是一个辩才，他的话煽动力很强悍：我们来这里干吗来了？就是为了立下大功求取富贵，可现在鄯善王广看到北匈奴使者来了，就把我们当成了累赘，如果鄯善王广把我们全部抓起来，押送给北匈奴使者，估计我们的遗骸只能给豺狼吃了。现在这种情况，你们说该怎么办呢？

这些部下知道班超点子多，情绪也被他激了起来，全都冲着班超喊道："今在危亡之地，死生从司马。"

这时，班超已经明白，他得到了一批愿意跟他出生入死的战友。

班超打了一个手势，把大家全部聚拢在一个原点，说出了他最大胆的计谋："不入虎穴，不得虎子。当今之计，独有因夜以火攻虏，使彼不知我多少，必大震怖，可殄尽也。灭此虏，则鄯善破胆，功成事立矣。"

班超可谓是一个胆大心细的冒险家，他知道北匈奴使者人数众多，敌众我寡之下，只有放手一搏，才有可能成功。

班超主张趁着夜色，用火来进攻北匈奴使者的驻地，这样北匈奴使者突然受到暴击，也不清楚他们的底细和人手多寡，自然就会慌乱，接着就可以神不知鬼不觉地把他们消灭掉。

北匈奴使者如果被干掉了，鄯善王广和他的国人都会受到震撼，完成建交使命自然不在话下了。

这个计谋很巧，逻辑也好理解，很多部下都表示支持，不过也有人提出了疑问："这么重要的事情，我们是不是应当和从事郭恂商量一下，再作定夺啊。"

班超一听就着急了，大声说道："吉凶决于今日。从事文俗吏，闻此必恐而谋泄，死无所名，非壮士也！"

班超是一个干大事的人，他当然知道这种密谋掉脑袋的事情，最忌讳的是什么。在班超看来，他们能够取得成功还是任人宰割，其实时间已经很紧迫了。郭恂作为一介书生，处理正常的公务可能还好，但这么冒险的事情被他知道了，很有可能会因为害怕而暴露计划，从而导致所有人枉死，这么窝囊地死去，显然不是英雄豪杰所为。

三十六名部属都明白了班超的良苦用心，纷纷表示唯班超马首是瞻。

班超没有犹豫，趁着月黑风高，就率领三十六名将士，直奔北匈奴使者的驻地。

当时正好刮起了大风，到达北匈奴使者的驻地后，班超命令其中十个人，拿着战鼓藏在北匈奴使者驻地的后方，并跟他们约好，一旦看见火起，就猛敲战鼓，大声呐喊。

十人领命而去后，剩下的二十六人，班超安排他们全部拿着刀枪弓弩，埋伏在北匈奴使者驻地的大门两边。

一切安排妥当后，班超顺着风向纵火，一时间北匈奴使者驻地到处都是喊打喊杀，锣鼓张扬，声势喧天。

北匈奴使者正在睡梦中，完全没想到班超会有这么一出，一时乱作一团，爬起来只顾着四散逃窜。

班超带头冲了上去，亲手击杀了三个北匈奴使者，他的部下也杀死了三十多人，其余几百个匈奴人由于逃不出去，全部都葬身火海。

天亮之后，班超才回去把这件事告诉郭恂，郭恂大吃一惊，接着脸色一下子就阴沉下来。

班超何等聪明，一下子便知道郭恂是在嫉妒他的功劳，便抬起手来对郭恂说："掾虽不行，班超何心独擅之乎？"

班超这话说到了郭恂心里：虽然你没有参与夜里的行动，但我班超也不会独占这份功劳，你就放心好了。

郭恂一听当然高兴了，呼呼大睡一晚上，什么事都没干，还能揽上这么大一份功劳，美啊！

安抚好郭恂后，班超才派人把鄯善王广请过来，让他参观一下北匈奴使者被砍下来的一颗颗脑袋，鄯善王广原本就觉得不对劲，北匈奴使者竟然没动静了，一看班超他们的"杰作"，吓得一句话都说不出来了。

班超等人消灭了北匈奴使者的消息传出后，鄯善举国震惊。

班超自然明白一打一拉的道理，他赶紧拉上郭恂，好言抚慰鄯善王广君臣，鄯善王广没有任何犹豫，当即表示愿意归附东汉朝廷，并把自己的王子送到洛阳作为人质。

班超圆满完成了使命，而他在此过程中"不入虎穴，不得虎子"的豪迈，也成为后世固定的成语，用以激励勇敢的人。

有了第一次，就有第二次，虽然这也是班超喜欢的。

第四节　班超二使西域，将计就计镇抚于阗

> 吏如班超，何故不遣而更选乎？今以超为军司马，令遂前功。
>
> ——汉明帝
>
> 愿将本所从三十余人足矣。如有不虞，多益为累。
>
> ——班超

稳定了鄯善国内的局势后，班超等人带着鄯善国王子和鄯善王广赠送的大量珍宝，回到窦固大军的营地，并向窦固讲述了详细的出使经过。

窦固对班超取得的成就刮目相看，立即将班超的功劳上报朝廷，同时认为可以趁热打铁，请求汉明帝再派其他使者出使西域。

汉明帝原本就对班超千里奔波为兄呈情的壮举很欣赏，看

了窦固发回来的奏疏后，更认为班超是难得的外交人才，便下诏给窦固说道："吏如班超，何故不遣而更选乎？今以超为军司马，令遂前功。"

汉明帝的意思很明确，他就看中班超这个人了，不需要再换人，晋升班超为军司马，让他继续出使西域，在之前功劳的基础上再建奇功。

窦固原本担心班超太累，希望他能休整一段时间，接到汉明帝的诏书后，窦固不敢怠慢，决定再次派遣班超出使西域。

不过，窦固觉得班超的人马有点少，便找来班超商议，想给他增加一些部属。

听了窦固的话，班超拱手称谢，然后说道："愿将本所从三十余人足矣。如有不虞，多益为累。"

班超的回应可谓霸气：我只要带着之前跟着我的那三十六个人就够了，万一发生了突发情况，人多了反而是累赘。

班超是在故意逞能吗？当然不是，这三十六个人乃是他同生共死的战友，绝对靠得住，而且深知每个人的脾性，团结起来足以应对任何可能发生的问题，甚至战胜比他们强大数倍乃至十数倍的敌人！如果再加新的士卒，不仅有一个熟悉的过程，配合起来都得磨合很久，而且可能会耽误事。

窦固虽然也有担心，但他深知班超有勇有谋，而且不打无准备之仗，就同意了他的要求。

临行前，窦固亲自斟酒，给班超和他的三十六位下属壮行："大汉的勇士们，你们此去将再创伟业！"

班超带头拜了一拜，众人一起满饮此杯，随后头也不回地向西域进发。

这一次，班超一行来到了于阗国。

当时，于阗王广德仗着北匈奴的支持，刚刚攻破莎车国，在天山南道称雄，而北匈奴则派使者驻守在于阗国，表面上是加强合作关系，实际上，北匈奴使者真正掌握着于阗国的朝政大权。

在这种情况下，于阗王广德对班超一行的到来根本就不感兴趣，他在接见了一次之后，就再也没有理会过班超了。

班超住在简陋的驿馆里，吃着粗茶淡饭，虽然对吃住他不怎么讲究，但怎么打破僵局，改变于阗王广德的态度，让班超有点着急。

说来也巧，机会说来就来了。

于阗国非常流行巫师信奉，大巫师见班超等人来了，就对于阗王广德说："神怒何故欲向汉？汉使有骓马，急求取以祠我。"

班超他们刚刚来到于阗国，他就告诫于阗王广德，天神不允许他和东汉朝廷联系，还要求于阗王广德立即向班超索要一匹好马，来祭祀所谓的天神。

于阗王广德不敢怠慢，赶紧派人向班超讨要那匹好马。

大巫师的本意，是要杀一杀班超等人的锐气，但他很不幸，遇上了班超。

班超一听这要求，很是无语，但私下了解了这件事的来龙去脉后，他决定将计就计，顺势解决于阗国的问题。

于是，班超很痛快地答应了于阗王广德的要求，但提出了一个条件，就是要请大巫师本人亲自上门来取马。

大巫师的手下担心有诈，提醒他多带几个人，但大巫师认为班超等人不敢把他怎么样，只带了一个贴身随从，就气势汹汹地来到了班超驻地。

大巫师一进门，班超还没等他开口，递了一个眼色，屋子两边埋伏的刀斧手就一刀结果了大巫师。

随后，班超亲自提着大巫师的首级，带领三十六位壮士前去会见于阗王广德，直接把大巫师的首级扔在地上，并厉声指责于阗王广德疏远汉使、不分是非的愚蠢做法。

于阗王广德看到大巫师的人头后，一下子就被吓住了。他想起了之前听说过班超在鄯善国杀尽北匈奴使者的作为，知道此人根本惹不起，赶忙对班超赔不是，并向他寻求解决的办法。

于是，班超命于阗王广德调遣兵将，和他们一起去攻杀北匈奴使者。两方人马合力，来到北匈奴使者驻地，出其不意发动进攻，北匈奴使者最终全部被杀死。

之后，于阗王广德率领手下文武官员，郑重其事地投降了班超。

班超重赏了于阗王广德及其大臣，双方把手言欢，于阗国也重新成为东汉王朝的属国。

　　拿下于阗国后，班超的目光瞄准了隔壁的疏勒国。然而，这更是一块难啃的骨头。

第五节　班超智擒疏勒伪王，不杀以立汉威

兜题本非疏勒种，国人必不用命。若不即降，便可执之。

——班超

忠及官属皆请杀兜题，超不听，欲示以威信，释而遣之。疏勒由是与龟兹结怨。

——《后汉书·卷四十七·班梁列传第三十七》

于阗王广德给班超安排了最好的馆驿，每天三顿山珍海味供应着，但班超的眼里，只有疏勒国。

"我要拿下疏勒国！"班超的心里只有这一个念头，然而，疏勒国的情况却相当复杂，并不乐观。

原来，疏勒国的隔壁有一个强大的邻国——龟兹国，龟兹王建倚仗北匈奴的势力，有恃无恐地占据了天山北道，并且以

北匈奴军队为后盾，派兵攻破疏勒国都，杀死了疏勒王，另立龟兹人兜题为新的疏勒王。

疏勒王兜题作为龟兹王建和北匈奴共同拥立的国王，对这两位金主感恩戴德，他并不理会疏勒人的死活，搜刮的钱财全部流入了龟兹国和北匈奴。

因此，班超当时所面对的疏勒国，实际上掌握在龟兹人手中，同时也是北匈奴的势力范围。

班超没有退缩，他反而认为，疏勒王兜题是龟兹人的特殊身份，将有利于他拿下疏勒国。

东汉永平十七年（公元74年）春，班超在做好充分的准备之后，率领部众走小路向疏勒国进发。

当部队行至距离疏勒王兜题居住的盘橐城九十里的地方时，班超下令就地安营扎寨，然后派手下得力干将田虑去招降兜题。

田虑出发前，班超特地嘱咐他说："兜题本非疏勒种，国人必不用命。若不即降，便可执之。"

班超的锦囊妙计简单粗暴，他明确告诉田虑，兜题是龟兹人，疏勒人是不会为了一个外国人尽忠效命的，你直接要求他无条件投降，如果他不投降，直接抓起来就可以。

擒贼先擒王，谁都懂，可这么麻利的连贯动作，疏勒王兜题真能配合吗？

田虑没想那么多，他听完班超的嘱托后，快马加鞭赶到了盘橐城，随后只身一人前往王宫，去见疏勒王兜题。

疏勒王兜题倚仗着龟兹国、北匈奴的支持，不可一世，根本就不愿意理会田虑，当听到田虑要求他投降时，疏勒王兜题愣了一下，回过神后立马哈哈大笑起来。

田虑见疏勒王兜题没有半点儿投降的意思，知道为今之计，只能智取，就跟疏勒王兜题说道："大王，我这里有大汉皇帝要送给你的珍宝，如果你不嫌弃，可以一起欣赏一下。"

疏勒王兜题知道东汉王朝很有实力，也贪图钱财，便让田虑走近给他看。田虑趁其不备，立即冲上去劫持了疏勒王兜题，并把刀架在了疏勒王兜题的脖子上。

由于事情发生得太突然，疏勒王兜题吓得面如死灰，他的手下更是没了招架，纷纷放下武器逃跑了。

疏勒王兜题欲哭无泪、瑟瑟发抖，他一改之前的嚣张气焰，苦苦哀求田虑饶他一命。

田虑才不愿意多理疏勒王兜题，他把疏勒王兜题捆绑了个结结实实，让疏勒王兜题带着自己找了两匹上等的好马，便赶紧回到班超的营地复命了。

班超见疏勒王兜题已被擒获，马上率部来到架橐城，令疏勒王兜题出面，把疏勒国的文武官员全部集中在大殿里。

随后，班超向这些疏勒国的文武官员，揭露了疏勒王兜题这些年向龟兹国和北匈奴大量出卖疏勒国情报，把疏勒国的财富和女人外移的事实。

疏勒人愤怒了，他们本就对龟兹王建杀死前疏勒王非常不满，对疏勒王兜题是个龟兹人的情况，更是耿耿于怀，只是敢怒不敢言。

班超看到时机已经成熟，当众宣布废除龟兹人兜题的疏勒王之位，另立前疏勒王的侄儿忠接任疏勒王。

听到这个消息，疏勒国的文武官员都很高兴，疏勒人也都是欢天喜地。

疏勒王忠即位后，急于为先前惨死的伯父报仇，和他的大臣们一起，请求班超把兜题交给他们处置。

而兜题疏勒王位被废的消息传出后，龟兹国也虎视眈眈，随时准备进攻疏勒国。

班超经过反复权衡，认为把兜题交给疏勒王忠君臣，兜题一定会死得很难看，可兜题一死，龟兹国甚至北匈奴都可能以此为由，派出大军进攻疏勒国，不仅不利于稳定刚刚平定的疏勒国，还很可能引火烧身，导致前功尽弃。

班超最后决定，拒绝疏勒王忠君臣的请求，将兜题释放，派人遣送回龟兹国，这样既打消了龟兹国和北匈奴出兵的借口，也让龟兹人知道了东汉王朝的恩威。

疏勒王忠君臣不敢违背班超的意思，只好同意将兜题放走，但他们心里却留了一个疙瘩，和龟兹国的怨恨并未消解。

兜题回国后，把情况一五一十地跟龟兹王建和北匈奴使者详述了一遍，他们都对班超等人的霹雳战术心存疑虑，果然没敢轻举妄动。

至此，班超通过两次出使西域，已经先后使鄯善、于阗、疏勒三个西域王国，恢复了与东汉王朝的联系，为下一步开拓西域打下了基础。

班超在西域大显身手之际，他的哥哥班固在万里之外的洛阳也没有闲着，他在皇帝的信任下，参与了著名的两都之争，同时《汉书》的撰写工作也在紧锣密鼓地进行中。

第八章

班固：文才大显，

《汉书》初成

明帝招贤发问，史论
秦亡

作《两都赋》，为洛阳"辩护"

自怜作《答宾戏》，章
帝惜才提玄武司马

文人相轻，《汉书》初成

第一节 作《两都赋》，为洛阳"辩护"

（班固）乃上《两都赋》，盛称洛邑制度之美，以折西宾淫侈之论。

——《后汉书·卷四十上·班彪列传第三十上》

迁都改邑，有殷宗中兴之则焉；即土之中，有周成隆平之制焉。

——班固《两都赋》

班固自从出任校书郎之后，常常得到汉明帝的召见，创作的应和词赋得到汉明帝的赞赏，深得汉明帝的宠爱。

班固对汉明帝的知遇之恩非常感激，愿意为他死心塌地去效命。当时东汉朝野广泛争议的一个大事件，班固也在密切关注，准备着想要做点什么。

那么，是什么样的大事件，能够使东汉人这么热烈的反应呢？

两都之争，准确地说，就是洛阳和长安，哪个更适合作为东汉王朝的国都。

大家都知道，汉朝分为西汉和东汉两个时期，其中一个原因，就是西汉的都城是靠西的长安，东汉的都城则是靠东的洛阳。

汉光武帝刘秀自称是西汉皇室后裔，国号也同样是"汉"，那为什么国都不选在长安，而要迁到东边的洛阳呢？

应该说，汉光武帝之所以选择定都洛阳，主要出于三个层面的考虑：

首先，长安作为西汉的国都，在西汉末年，已经被新朝政权、玄汉政权、建世政权等多方争夺，早已变成一片废墟，焦土遍野，人烟稀少。

其次，洛阳自夏商两朝以来，就是中原地区的重要城市，东周时更成了国都，而刘邦建立西汉王朝之初，也是定都洛阳，洛阳有当国都的资本。

最后，汉光武帝的发迹地是南阳，洛阳离南阳比较近，便于巩固统治。

于是，汉光武帝选择定都洛阳，并一直都在全力经营新都。

到了汉明帝时期，朝廷财力有所恢复，开始着手疏浚护城河，修缮城墙，重整、扩大皇宫的规模。

可是，原本居住在关中的西汉遗老们，仍然怀恋着旧都长安的热闹繁华，固执地认为东汉建都洛阳是错误的，希望朝廷能迁都回长安。

迁都可不是小事情，汉明帝也绝不可能推翻父皇汉光武帝的决定，但怎么为洛阳鼓与呼，他把目光盯向了班固。

班固也认为，洛阳作为东汉都城更加适宜，他很担心这些关于迁都的议论会扰乱人心，决心写一篇强有力的文章，为东汉定都洛阳的合理性辩护。

班固把自己关进书房里，认真研究了西汉文学家司马相如的《子虚赋》、扬雄的《蜀都赋》等作品，学习它们的结构方式，连饭都顾不上吃，觉也睡不好，苦思冥想几个月后，终于写出了一篇雄文——《两都赋》。

在《两都赋》中，班固借由两个假想人物：长安代表西都宾和洛阳代表东都主人，完整阐述了自己的观点。

不过，班固在行文和表达方式上，非常注重技巧，因为东汉是以继承西汉的皇统自居，对西汉不但不能否定，反而要加以肯定；但从西汉、东汉的比较来说，当时东汉统治者需要的是对东汉功业和东都洛阳的赞扬、歌颂，所以对西汉的功业又不能作太具体、详细的表述。

为此，班固把《两都赋》分为《西都赋》《东都赋》两篇，合二为一又相对独立成篇。

《西都赋》由假想人物西都宾叙述长安形势险要、物产富庶，都城壮丽宏大，宫殿奇伟华美，后宫奢侈淫靡等情况，以暗示建都长安的优越性，通篇都是赞美、夸耀之词；

《东都赋》则由另一假想人物东都主人出面，开头就是：

> 东都主人喟然而叹曰："痛乎风俗之移人也。子实秦人，矜夸馆室，保界河山，信识昭襄而知始皇矣，乌睹大汉之云为乎？"

把批评的矛头对准的是秦皇，而非西汉皇帝。

下面接着用一小段写"大汉之开元"，行文十分概括，马上就接着写道："今将语子以建武之治，永平之事，监于太清，以变子之惑志"，开始以封建礼法为准则，赞扬了建武、永平的盛世，以"盛乎斯世"一语作为大段描述的结尾。

后面又说："迁都改邑，有殷宗中兴之则焉；即土之中，有周成隆平之制焉。"从历史发展的角度，来论证定都洛邑，不仅之前有先例，而且洛阳位于天下之中，得地利之便。

在《东都赋》中，班固借东都主人之口，对西都宾先予称赞，再予批评，最终以西都宾的折服告一段落。

不过，《东都赋》不是在西都宾"矍然失容，逡巡降阶，慄然意下，捧手欲辞"之后就结束，而是在下面接上说："主人曰：复位，今将授予以五篇之诗。"

大约是考虑到下面即录附诗，会使结尾割裂而失去风韵，故将诗附于篇末，而以西都宾的称赞为结尾：宾既卒业，乃称曰："美哉乎斯诗！义正乎扬雄，事实乎相如，匪唯主人之好学，盖乃遭遇乎斯时也。小子狂简，不知所裁，既闻正遭，请终身而诵之。"

这一处理显得轻松而诙谐，多少带有一点寓言的味道，使这篇骋辞大赋在庄严之中，带有活泼之气。

其中"义正乎扬雄，事实乎相如"，也可以看作是班固自己对《两都赋》特色的概括。

此外，《东都赋》还将西都同东都的形势及风俗直接加以比较："且夫辟界'西戎'，险阻四塞，修其防御，孰与处乎土中，平夷洞达，万方辐凑？秦岭九峻，泾渭之川，曷若四渎五岳，带河泝洛，图书之渊？建章、甘泉，馆御列仙，孰与灵台、明堂，统和天人？太液、昆明，鸟兽之囿，曷若辟雍海流，道德之富？游侠逾侈，犯义侵礼，孰与同履法度，翼翼济济也？"

在这里，班固借东都主人之口，态度鲜明地称赞东都洛阳地利、形势及礼俗之淳厚，建筑、设置之合于王道。"统和天人""同履法度"，点出了《东都赋》的主题；"图书之渊""道德之富"，是《东都赋》着力铺叙、宣扬之所在。

下面照应本篇开头部分："子徒习秦阿房之造天，而不知京洛之有制也；识函谷之可关，而不知王者之无外也"，完全以一个新的尺度来衡量秦（实际上是代指西汉王朝）和东汉王朝政教之间的得失对比。

可以说，《东都赋》虽然也写宫室、田猎的内容，但比较概括，而主要是对东汉建都洛阳后的各种政治措施进行美化和歌颂，从礼法制度出发，宣扬"宫室光明，阙庭神丽，奢不可逾，俭不能侈"，"顺时节而蒐狩，简车徒以讲武，则必临之以王制，考之以风雅"，表达出来的意思就是，洛阳当日的盛况，已经远远超过了西汉都城长安。

班固的方法很讨巧，他不在规模和繁华的程度上贬西都而褒东都，而从礼法的角度，从制度上衡量此前赞美西都者所述西都的壮丽繁华，实为奢淫过度，无益于天下。

由于班固在《两都赋》中，完美把握住了当时东汉最高统治者的复杂心态，盛赞东都洛阳规模建制之美，并从礼法的角度，歌颂汉光武帝迁都洛阳、中兴汉室的功绩，宣扬洛阳建都的适宜性，以驳斥关中人士不切时宜的议论，澄清人们的模糊认知，这使他不仅赢得了汉明帝的褒扬，还获得了与司马相如、扬雄以及稍后张衡并称汉代四大赋家的盛誉，而《两都赋》所开创的京都大赋体制，也直接影响了张衡《二京赋》以及西晋左思《三都赋》的创作，被南朝梁昭明太子萧统主持编撰的《文选》列为第一篇。

第二节　明帝招贤发问，史论秦亡

秦王足己不问，遂过而不变。二世受之，因而不改，暴虐以重祸。子婴孤立无亲，危弱无辅。三主惑而终身不悟，亡，不亦宜乎？

——司马迁《史记·秦始皇本纪》

秦之积衰，天下土崩瓦解，虽有周旦之材，无所复陈其巧，而以责一日之孤，误哉！

——班固《秦纪论》

汉明帝是东汉十二帝中，非常有作为的一位皇帝，在繁忙的政务之余，他也常常读史问经，并且还会就其中的细节，与班固等人讨论一二。

东汉永平十七年（公元74年），汉明帝召集班固、贾逵、郗萌等人到皇宫云龙门，讨论《史记·秦始皇本纪》中司马迁的赞语有无不当之处。

《史记·秦始皇本纪》是司马迁写的第一篇帝王本纪，费了相当大的笔墨，而《史记·秦始皇本纪》中的赞语，同样也很长，而且引用了很多汉初大儒贾谊在《过秦论》中的观点，原文如下：

　　太史公曰：秦之先伯翳，尝有勋于唐虞之际，受土赐姓。及殷夏之间微散。至周之衰，秦兴，邑于西垂。自缪公以来，稍蚕食诸侯，竟成始皇。始皇自以为功过五帝，地广三王，而羞与之侔。善哉乎贾生推言之也！曰：

　　秦并兼诸侯山东三十馀郡，缮津关，据险塞，修甲兵而守之。然陈涉以戍卒散乱之众数百，奋臂大呼，不用弓戟之兵，钮櫌白梃，望屋而食，横行天下。秦人阻险不守，关梁不阖，长戟不刺，彊弩不射。楚师深入，战于鸿门，曾无藩篱之艰。于是山东大扰，诸侯并起，豪俊相立。秦使章邯将而东征，章邯因以三军之众要市于外，以谋其上。群臣之不信，可见于此矣。子婴立，遂不寤。藉使子婴有庸主之材，仅得中佐，山东虽乱，秦之地可全而有，宗庙之祀未尝绝也。

秦地被山带河以为固，四塞之国也。自缪公以来，至于秦王，二十馀君，常为诸侯雄。岂世世贤哉？其势居然也。且天下尝同心并力而攻秦矣。当此之世，贤智并列，良将行其师，贤相通其谋，然困于阻险而不能进，秦乃延入战而为之开关，百万之徒逃北而遂坏。岂勇力智慧不足哉？形不利，势不便也。秦小邑并大城，守险塞而军，高垒毋战，闭关据厄，荷戟而守之。诸侯起于匹夫，以利合，非有素王之行也。其交未亲，其下未附，名为亡秦，其实利之也。彼见秦阻之难犯也，必退师。安土息民，以待其敝，收弱扶罢，以令大国之君，不患不得意于海内。贵为天子，富有天下，而身为禽者，其救败非也。

秦王足己不问，遂过而不变。二世受之，因而不改，暴虐以重祸。子婴孤立无亲，危弱无辅。三主惑而终身不悟，亡，不亦宜乎？当此时也，世非无深虑知化之士也，然所以不敢尽忠拂过者，秦俗多忌讳之禁，忠言未卒于口而身为戮没矣。故使天下之士，倾耳而听，重足而立，拑口而不言。是以三主失道，忠臣不敢谏，智士不敢谋，天下已乱，奸不上闻，岂不哀哉！先王知雍蔽之伤国也，故置公卿大夫士，以饰法设刑，而天下治。其疆也，禁暴诛乱而天下服。其弱也，五伯征而诸侯从。其削也，内守外附而社稷存。故秦之盛也，繁法严刑而天下振；及其衰也，百姓怨望而海内畔矣。故周五序得其道，而千馀岁不绝。秦本末并失，故不长久。由此观之，安危之统相去远矣。野谚日"前事之不忘，后事之师也"。是以君子为国，观之上古，验之当世，参以人事，察盛衰之理，审权势之宜，去就有序，变化有时，故旷日长久而社稷安矣。

秦孝公据殽函之固，拥雍州之地，君臣固守而窥周室，有席卷天下，包举宇内，囊括四海之意，并吞八荒之心。当是时，商君佐之，内立法度，务耕织，修守战之备，外连衡而斗诸侯，于是秦人拱手而取西河之外。

孝公既没，惠王、武王蒙故业，因遗册，南兼汉中，西举巴、蜀，东割膏腴之地，收要害之郡。诸侯恐惧，会盟而谋弱秦，不爱珍器重宝肥美之地，以致天下之士，合从缔交，相与为一。当是时，齐有孟尝，赵有平原，楚有春申，魏有信陵。此四君者，皆明知而忠信，宽厚而爱人，尊贤重士，约从离衡，并韩、魏、燕、楚、齐、赵、宋、卫、中山之众。于是六国之士有宁越、徐尚、苏秦、杜赫之属为之谋，齐明、周最、陈轸、昭滑、楼缓、翟景、苏厉、乐毅之徒通其意，吴起、孙膑、带佗、兒良、王廖、田忌、廉颇、赵奢之朋制其兵。常以十倍之地，百万之众，叩关而攻秦。秦人开关延敌，九国之师逡巡遁逃而不敢进。秦无亡矢遗镞之费，而天下诸侯已困矣。于是从散约解，争割地而奉秦。秦有馀力而制其敝，追亡逐北，伏尸百万，流血漂卤。因利乘便，宰割天下，分裂河山，彊国请服，弱国入朝。延及孝文王、庄襄王，享国日浅，国家无事。

及至秦王，续六世之馀烈，振长策而御宇内，吞二周而亡诸侯，履至尊而制六合，执棰拊以鞭笞天下，威振四海。南取百越之地，以为桂林、象郡，百越之君俯首系颈，委命下吏。乃使蒙恬北筑长城而守藩篱，却匈奴七百馀里，胡人不敢南下而牧马，士不敢弯弓而报怨。于是废先王之道，焚百家之言，以愚黔首。堕名城，杀豪俊，收天下之兵聚之咸阳，销锋铸镥，以为金人十二，以弱黔首之民。然后斩华为城，因河为津，据亿丈之城，临不测之豀以为固。良将劲弩守要害之处，信臣精卒陈利兵而谁何，天下以定。秦王之心，自以为关中之固，金城千里，子孙帝王万世之业也。

秦王既没，馀威振于殊俗。陈涉，瓮牖绳枢之子，甿隶之人，而迁徙之徒，才能不及中人，非有仲尼、墨翟之贤，陶朱、猗顿之富，蹑足行伍之间，而倔起什伯之中，率罢散之卒，将数百之众，而转攻秦。斩木为兵，揭竿为旗，天下云集响应，赢粮而景从，山东豪俊遂并起而亡秦族矣。

且夫天下非小弱也，雍州之地，殽函之固自若也。陈涉之位，非尊于齐、楚、燕、赵、韩、魏、宋、卫、中山之君；钮櫌棘矜，非铦于句戟长铩也；適戍之众，非抗于九国之师；深谋远虑，行军用兵之道，非及乡时之士也。

然而成败异变，功业相反也。试使山东之国与陈涉度长絜大，比权量力，则不可同年而语矣。然秦以区区之地，千乘之权，招八州而朝同列，百有馀年矣。然后以六合为家，殽函为宫，一夫作难而七庙堕，身死人手，为天下笑者，何也？仁义不施而攻守之势异也。

秦并海内，兼诸侯，南面称帝，以养四海，天下之士斐然乡风，若是者何也？曰：近古之无王者久矣。周室卑微，五霸既殁，令不行于天下，是以诸侯力政，彊侵弱，众暴寡，兵革不休，士民罢敝。今秦南面而王天下，是上有天子也。既元元之民冀得安其性命，莫不虚心而仰上，当此之时，守威定功，安危之本在于此矣。

秦王怀贪鄙之心，行自奋之智，不信功臣，不亲士民，废王道，立私权，禁文书而酷刑法，先诈力而后仁义，以暴虐为天下始。夫并兼者高诈力，安定者贵顺权，此言取与守不同术也。秦离战国而王天下，其道不易，其政不改，是其所以取之守之者异也。孤独而有之，故其亡可立而待。借使秦王计上世之事，并殷周之迹，以制御其政，后虽有淫骄之主而未有倾危之患也。故三王之建天下，名号显美，功业长久。

今秦二世立，天下莫不引领而观其政。夫寒者利裋褐而饥者甘糟糠，天下之嗷嗷，新主之资也。此言劳民之易为仁也。乡使二世有庸主之行，而任忠贤，臣主一心而忧海内之患，缟素而正先帝之过，裂地分民以封功臣之后，建国立君以礼天下，虚囹圄而免刑戮，去收帑污秽之罪，使各反其乡里，发仓廪，散财币，以振孤独穷困之士，轻赋少事，以佐百姓之急，约法省刑以持其后，使天下之人皆得自新，更节修行，各慎其身，塞万民之望，而以威德与天下，天下集矣。即四海之内，皆欢然各自安乐其处，惟恐有变，虽有狡猾之民，无离上之心，则不轨之臣无以饰其智，而暴乱之奸止矣。二世不行此术，而重之以无道，坏宗庙与民，更始作阿房宫，繁刑严诛，吏治刻深，赏罚不当，赋敛无度，天下多事，吏弗能纪，百姓困穷而主弗收恤。然后奸伪并起，而上下相遁，蒙罪者众，刑戮相望于道，而天下苦之。自君卿以下至于众庶，人怀自危之心，亲处穷苦之实，咸不安其位，故易动也。是以陈涉不用汤武之贤，不藉公侯之尊，奋臂于大泽而天下响应者，其民危也。故先王见始终之变，知存亡之机，是以牧民之道，务在安之而已。天下虽有逆行之臣，必无响应之助矣。故曰"安民可与行义，而危民易与为非"，此之谓也。贵为天子，富有天下，身不免于戮杀者，正倾非也。是二世之过也。

班固对司马迁关于秦朝灭亡的论断，并不认同，当场就提出了不同意见。

出宫后，班固为了进一步说明自己对秦亡的认识，驳斥《史记》中司马迁的观点，写下了一篇《秦纪论》：

孝明皇帝十七年十月十五日乙丑，曰：周历已移，仁不代母。秦直其位，吕政残虐，然以诸侯十三，并兼天下，极情纵欲，养育宗亲。三十七年，兵无所不加，制作政令，施于后王。盖得圣人之威，河神授图，据狼、狐，蹈参、伐，佐攻驱除，距之称始皇。始皇既殁，胡亥极愚，郦山未毕，复作阿房，以遂前策。云"凡所为贵有天下者，肆意极欲，大臣至欲罢先君所为"。诛斯、去疾，任用赵高。痛哉言乎！人头畜鸣，不威不伐恶，不笃不虚亡，距之不得留，残虐以促期，虽居形便之国，犹不得存。子婴度次得嗣，冠玉冠，佩华绂，车黄屋，从百司，谒七庙。小人乘非位，莫不恍忽失守，偷安日日，独能长念却虑，父子作权，近取于户牖之间，竟诛猾臣，为君讨贼。高死之后，宾婚未得尽相劳，餐未及下咽，酒未及濡唇，楚兵已屠关中，真人翔霸上，素车婴组，奉其符玺，以归帝者。郑伯茅旗鸾刀。严王退舍。河决不可复壅，鱼烂不可复全。贾谊、司马迁曰："向使婴有庸主之才，仅得中佐，山东虽乱，秦之地可全而有，宗庙之祀未当绝也。"秦之积衰，天下土崩瓦解，虽有周旦之材，无所复陈其巧，而以责一日之孤，误哉！俗传秦始皇起罪恶，胡亥极，得其理矣。复责小子，云秦地可全，所谓不通时变者也。纪季以酅，《春秋》不名。吾读《秦纪》，至于子婴车裂赵高，未尝不健其决，怜其志。婴死生之义备矣。

比较一下，班固其实把秦朝灭亡的主因，放在了秦始皇、秦二世两代皇帝的暴政上，而对秦王子婴则充满了同情，这是与司马迁评价的根本不同之处。

汉明帝对班固的观点也比较认同，下诏嘉奖了他。

不过，一年后东汉朝廷发生了一件大事，班固也暨此达成了自己的一个小目标。

第三节　自怜作《答宾戏》，章帝惜才提玄武司马

及肃宗雅好文章，固愈得幸，数入读书禁中，或连口
继夜。

——《后汉书·卷四十上·班彪列传第三十上》

敢问上古之士，处身行道，辅世成名，可述于后者，默
而已乎？

——班固《答宾戏》

东汉永平十八年（公元 75 年），四十八岁的汉明帝在洛阳
东宫前殿去世，十九岁的皇太子刘炟即位，是为汉章帝。

汉章帝和他的父皇汉明帝一样，对经学文章同样怀有很大
的兴趣，因此班固更加受到器重，多次被汉章帝宣诏进宫，给
皇帝讲解典籍中的妙趣，有时候甚至连着好几天，夜以继日地
热烈讨论。

汉章帝每次外出巡守时，也要带上班固随行，不仅增添了旅途中的趣味，班固还能很及时地为汉章帝献上诗词歌赋助兴。

朝廷有大事商议时，汉章帝还是要让班固出席，参与公卿大臣的讨论，发表自己的观点。

此外，汉章帝更时不时地以各种名目赏赐班固，对他的恩宠非常优厚。

汉明帝有知遇之恩，汉章帝也青眼相看，班固对这两位皇帝都很感激，但在内心深处，他也有一个疙瘩解不开。

原来，班固对自己的才学非常自负，但他的心情却是抑郁的，他非常不满足于自己现在的地位。

班固认为，他的父亲班彪才华横溢，而且对窦融归汉有大功，他本人也因学识过人，受到皇帝公卿的器重，班家两代人的智慧尽显无疑，可班固眼看着自己已经年纪一大把了（当时班固四十四岁，在东汉时期算不小了），只是一个小小的郎官，皇帝从汉明帝换成了汉章帝，却一直没能得到升迁。

班固又想起了西汉文学家东方朔、扬雄等人，他们曾在文章中抱怨，没能赶上苏秦、张仪、范雎、蔡泽等人生活的时代，不能周游列国，靠雄辩来实现自己的抱负，班固一下子有了很多想法，提笔一气呵成，写下了一篇《答宾戏》：

宾戏主人曰："盖闻圣人有一定之论，列士有不易之分，亦云名而已矣。故太上有立德，其次有立功。夫德不得后身而特盛，功不得背时而独章，是以圣哲之治，栖栖皇皇，孔席不暖，墨突不黔。由此言之，取舍者昔人之上务，著作者前列之余事耳。今吾子幸游帝王之世，躬带冕之服，浮英华，湛道德，嚁龙虎之文，旧矣。卒不能摅首尾，奋翼鳞，振拔泞涂，跨腾风云，使见之者景骇，闻之者响震。徒乐枕经籍书，纡体衡门，上无所蒂，下无所根。独摅意乎宇宙之外，锐思于豪芒之内，潜神默记，恒以年岁。然而器不贾于当已，用不效于一世，虽驰辩如涛波，摛藻如春华，犹无益于殿最。意者，且运朝夕之策，定合会之计，使存有显号，亡有美谥，不亦优乎？"

主人逌尔而笑曰："若宾之言，斯所谓见势利之华，暗道德之实，守突奥之荧烛，未仰天庭而睹白日也。曩者王涂芜秽，周失其御，侯伯方轨，战国横骛，于是七雄虓阚，分裂诸夏，龙战而虎争。游说之徒，风扬电激，并起而救之，其余燊飞景附，煜霅其间者，盖不可胜载，当此之时，搦朽摩钝，铅刀皆能一断，是故鲁连飞一矢而蹴千金，虞卿以顾眄而捐相印也。夫啾发投曲，感耳之声，合之律度，淫蛙而不可听者，非《韶》《夏》之乐也；因势合变，偶时之会，风移俗易，乖忤而不可通者，非君子之法也。及至从人合之，衡人散之，亡命漂说，羁旅骋辞，商鞅挟三术以钻孝公，李斯奋时务而要始皇，彼皆蹑风云之会，履颠沛之势，据徼乘邪以求一日之富贵，朝为荣华，夕而焦瘁，福不盈眦，祸溢于世，凶人且以自悔，况吉士而是赖乎！且功不可以虚成，名不可以伪立，韩设辩以徼君，吕行诈以贾国。《说难》既首，其身乃囚；秦货既贵，厥宗亦隧。是故仲尼抗浮云之志，孟轲养浩然之气，彼岂乐为迂阔哉？道不可以贰也。方今大汉洒扫群秽，夷险芟荒，廓帝纮，恢皇纲，基隆于羲、农，规广于黄、唐；其君天下也，炎之如日，威之如神，函之如海，养之如春。是以六合之内，莫不同原共流，沐浴玄德，禀仰太和，枝附叶著，譬犹草木之殖山林，鸟鱼之毓川泽，得气者蕃滋，失时者苓落，参天地而施化，岂云人事之厚薄哉？今子处皇世而论战国，耀所闻而疑所觌，欲从旄敦而度高乎泰山，怀沆瀣而测深乎重渊，亦未至也。”

宾曰：“若夫鞅、斯之伦，衰周之凶人，既闻命矣。敢问上古之士，处身行道，辅世成名，可述于后者，默而已乎？”

主人曰：“何为其然也！昔咎繇谟虞，箕子访周，言通帝王，谋合圣神；殷说梦发于傅岩，周望兆动于渭滨，齐宁激声于康衢，汉良受书于邳沂，皆俟命而神交，匪词言之所信，故能建必然之策，展无穷之勋也。近者陆子优由，《新语》以兴；董生下帷，发藻儒林；刘向怀籍，辩章旧闻；扬雄覃思，《法言》《大玄》：皆及时君之门闱，究先圣之壶奥，婆娑乎术艺之场，休息乎篇籍之囿，以全其质而发其文，用纳乎圣所，列炳于后人，斯非其亚与！若乃夷抗行于首阳，惠降志于辱仕，颜耽乐于箪瓢，孔终篇于西狩，声盈塞于天渊，真吾徒之师表也。且吾闻之：一阴一阳，天地之方；乃文乃质，王道之纲；有同有异，圣哲之常。"故曰"慎修所志，守尔天符，委命共己，味道之腴，神之听之，名其舍诸！宾又不闻和氏之璧韫于荆石，随侯之珠藏于蚌蛤乎？历世莫视，不知其将含景耀，吐英精，旷千载而流夜光也。应龙潜于潢污，鱼鼋媟之，不睹其能奋灵德，合风云，超忽荒，而躐颢苍也。故夫泥蟠而天飞者，应龙之神也；先贱而后贵者，和、随之珍也；时暗而久章者，君子之真也。若乃牙、旷清耳于管弦，离娄眇目于豪分；逢蒙绝技于弧矢，班输榷巧于斧斤；良乐轶能于相驭，乌获抗力于千钧；和、鹊发精于针石，研、桑心计于无垠。仆亦不任厕技于彼列，故密尔自娱于斯文"。

在《答宾戏》中，班固以宾问主人答的形式，抒发了自己的苦闷和感慨，但又从正面反驳了自己渴望升迁的想法和不得志后的抑郁，鼓励自己坚定埋首著述的信念，为完成《汉书》写作的既定目标奋斗不息。

后来，汉章帝读到这篇《答宾戏》后，既为班固的才华所折服，同时也体会到班固怀才不遇的不甘，认为班固久居下位不合理，便提拔他为玄武司马。

班固听到升迁的谕旨，对汉章帝再行叩拜大礼，对他而言，这是一种理解和信赖。

不久，有一个人被汉章帝调到京师洛阳，与班固一起工作。这个人的出现，让班固既惊喜又感慨。

第四节　文人相轻，《汉书》初成

建初中，肃宗以为兰台令，拜郎中，与班固、贾逵共典
校书。

——《诗学渊源·卷八·傅毅》

固自永平中始受诏，潜精积思二十余年，至建初中乃
成。当世甚重其书，学者莫不讽诵焉。

——《后汉书·卷四十上·班彪列传第三十下》

东汉建初三年（公元78年）的一天，班固和平时一样，在
皇家校书部整理了几篇典籍后，开始继续《汉书》的撰写工作。

"孟坚（班固的字）兄，多年不见，你神采依旧啊！"伴着
一阵爽朗的笑声，一个中年男子出现在班固面前。

班固抬头一看，立马将毛笔放入砚台，满心欢喜地起身冲
着那名中年男子叫道："武仲（傅毅的字），哪阵风把你给吹来
了？天大的好事啊！"

原来，这名中年男子，竟是班固当年在洛阳太学的同窗好友傅毅。

傅毅轻轻捋了一把美髯，郑重地说道："前日接到当今天子诏令，招我为兰台令史，拜郎中，进京与孟坚兄、贾逵等一起校勘禁中之书啊，我这不就快马加鞭地赶到，第一时间来找你了啊！"

班固低头略一沉思，对着傅毅长叹一口气："武仲，自建武三十年（公元54年）一别，你我已经二十四年没见了，如今被你言中，还真的又见面了。今晚我们要好好喝一杯，把这些年的故事都说说。"

傅毅微微一笑，"但凭孟坚兄吩咐，一定奉陪到底！"

是夜，班固与傅毅对坐班府一雅舍，两人饮酒半酣之际，班固忍不住发问："我的事你都是知道的，你这么多年，是怎么过来的啊？"

傅毅抿了一口酒，缓缓说道："孟坚兄勿急，听我慢慢讲与你听。"

原来，东汉建武三十年（公元54年），傅毅送走班固后不久，自己也返回平陵（陕西咸阳西北），在那里专心研习章句的学问。

为了勉励自己一心向学，不可有放纵懈怠的想法，傅毅写出了一首《迪志诗》自勉，其中有"先人有训，我讯我诰。训我嘉务，诲我博学"等语，决心效法古人修身养德。

傅毅的学问很渊博，也多次受到州郡的征召，但他认为汉明帝求贤的诚心不够，使许多贤士都隐居起来了，便写了一篇《七激》来讽谏汉明帝，内有"至乎，主得圣道，天基允臧。明哲用思，君子所常。自知沈溺，久蔽不悟，请诵斯语，仰子法度"之句，但并没有为汉明帝所采纳。

"武仲，你还记得那次显宗孝明皇帝（即汉明帝），要求百官一起作《神爵颂》吗？"班固的一个提问，将傅毅从回忆中带了回来。

"我当然记得，那时皇宫中突然有大批神雀聚集，显宗孝明皇帝认为是祥瑞之兆，我当时已经出山，在郡守为吏，也献上了一篇《神爵颂》，结果后来发现，大部分官员的颂作，都被弃之如敝履，而我和孟坚兄、贾逵、杨终、侯讽五个人的颂作，则得到显宗孝明皇帝的赞赏。"傅毅得意地说。

"若非显宗孝明皇帝提起，我都不敢相信，我们那次算是神交了啊，武仲。"班固哈哈大笑，又与傅毅干了一杯。

傅毅把班固的杯里续满酒，又将自己的酒杯添满，然后接着说道："其实我们还有一次神交，孟坚兄的《两都赋》名扬天下，其实我也写了《洛都赋》《反都赋》（现均已失佚，只存残章剩句），哈哈！"

"英雄所见略同，英雄所见略同！"班固站了起来，深情地说道，"武仲，这些年真的是想你，如今一起共事，就像回到太学时代啊！"

傅毅举起酒杯，对着班固说道："孟坚兄，你我笔下文章，以后可以面对面切磋啦！"

两人畅饮一晚，也聊了一晚，困极了才昏昏睡去。

当时，汉明帝的庙颂还没有确定，傅毅模仿周颂清庙篇的笔法，一口气写下了十篇《显宗颂》，赞扬汉明帝的功德，汉章帝非常高兴，下诏予以嘉奖，傅毅一时间名声大噪。

班固虽然也对傅毅的文采惺惺相惜，但他的内心深处却颇有不平。

后来，班固在给弟弟班超的信中写道："武仲以能属文，为兰台令史，下笔不能自休。"

看来，班固是受刺激了，给弟弟写信也不忘酸一下傅毅：傅毅这个人啊，就是因为能写才被任命为兰台令史，一拿起笔来，就根本停不下来了。

班固的这一特殊反应，也被后世的魏世祖文皇帝曹丕记入《典论》中，引出了"文人相轻，自古而然"的千古话题。

不过，班固也只是发发牢骚罢了，他最大的任务，当然是加班加点继续写《汉书》。

东汉建初七年（公元 82 年），班固基本上完成了《汉书》的撰著。此时，距离班固自建武三十年（公元 54 年）开始动笔，已经过去了二十八年；而就算从永平五年（公元 62 年）受诏修史，也过去了二十年。

《汉书》一经颁出，受到东汉举朝上下的重视，学者们争相诵读，对书中的精华和细节进行讨论。

班固认为汉朝继承了唐尧的天运，才得以建立王朝，虽然到了汉武帝时期，司马迁才开始追述之前的功德，私下写就了《史记》一书，但这本书却把西汉的几位皇帝放到了百王之末，汉武帝太初四年以后的事情，也没有继续往下写，所以这也是《汉书》的写作原因。

《汉书》把汉朝的地位提高到了第一位，从西汉王朝的汉高祖元年（公元前 206 年）开始，下至新朝的建兴帝王莽地皇四年（公元 23 年），共二百三十年的史事。

不过，颇有意味的是，由于东汉王朝不承认王莽建立的新朝，所以《汉书》只把西汉的十二代皇帝写入"纪"，王莽则被放入"传"中，而且还贬于传末。

与《史记》相比，《汉书》在构书体系上取得了重大突破，是我国历史第一部纪传体断代史，规矩法度清晰、体例整齐合理，更易使人效法，开启了官方修史的端绪，以后列朝的"正史"，都沿袭了《汉书》的体裁，正如唐朝史学家刘知几所说"自尔讫今，无改斯道"了，可见《汉书》史学地位之重要。

就在班固为自己的地位而纠结、为《汉书》的完成激动之际，他远在西域的弟弟班超，也面临着严峻的考验和选择。

第九章
班超：坚定平叛，威震西域

率联军攻姑墨，献策
"以夷制夷"

西域多国生乱，放弃归汉
平叛

疏勒王忠反汉，设"鸿
门宴"斩杀之

遭李邑怯懦段谤，不计前
嫌赢得信任

再攻莎车围，以退为进威
震西域

第一节　西域多国生乱，放弃归汉平叛

汉使弃我，我必复为龟兹所灭耳。诚不忍见汉使去。

——疏勒都尉黎弇

超恐于阗终不听其东，又欲遂本志，乃更还疏勒。

——《后汉书·卷四十七·班梁列传第三十七》

通过两次出使西域，班超先后降服了鄯善、于阗、疏勒等三个西域王国，然而，这一大好局面，在东汉永平十八年（公元 75 年）发生了陡然巨变。

这一年，汉明帝去世了，这个消息传到西域后，班超还来不及悲伤，就遭遇了冲击波！

趁着东汉王朝大丧之机，焉耆国联合北匈奴军队，围攻西域都护陈睦所在的营地，最终汉军大败，上任仅一年的陈睦被杀害。

与此同时，龟兹、姑墨等国也屡屡发兵，进攻班超所在的疏勒盘橐城，企图将班超率领的汉军一举消灭，从而把东汉势力彻底赶出西域。

班超孤立无援，但他毫不退缩，坚持据守在盘橐城，打退了龟兹、姑墨等国联军的多次进攻。

疏勒王忠也坚决支持班超，不仅派出一支军队援助班超，还亲自率军袭扰龟兹、姑墨等国联军大营，配合班超作战。

就这样，班超虽然缺兵少将，处境艰难，但龟兹、姑墨等国联军围攻了一年多，还是没能拿下盘橐城。

班超一直在鼓励部属："朝廷正在调兵遣将，一定会来救援我们，坚持就是胜利！"

然而，班超心里也在打鼓：发了那么多封求援奏疏回去，却没有一个回复，到底援军会不会来呢？

终于，班超等来了消息，也是他最担心的那一个。

东汉建初元年（公元76年），在多次召集群臣廷议后，刚刚即位的汉章帝刘炟，决定放弃继续经营西域，诏令滞留西域的东汉人全部撤回国内。

班超接到要求撤退的诏书后，虽然有万般不甘和不舍，但还是立即吩咐属下收拾行装，备好马匹，准备返回久别的故地。

但得知班超即将受命东归的消息后，疏勒国上下却陷入了深深的忧虑和恐慌之中。

临行前，班超前去跟疏勒王忠拜别，疏勒王忠及群臣再三挽留，班超只是摇头，"君命难违，君命难违啊！"

突然，疏勒都尉黎弇离开席位，走上前向班超施了一礼，言辞激动地说道："汉使弃我，我必复为龟兹所灭耳。诚不忍见汉使去。"

黎弇的失态是有原因的：疏勒国刚刚在班超的努力下，摆脱了龟兹国的控制，如果班超就这么率部离开，疏勒国肯定是保不住了。而这也是疏勒王忠君臣一再要挽留班超的原因。

黎弇的一席话，让疏勒王忠等人都非常伤感，班超也很无奈，但就在他准备再劝说黎弇几句时，黎弇突然拔刀自刎，死在了王宫大殿之上。

众人一阵惊慌，班超更是心下骇然，但他一不敢违抗君命，二是自己现在势单力薄，肯定不能久留。

于是，在嘱托疏勒王忠料理好黎弇后事，照顾好黎弇的家人后，班超还是率军按计划撤离了。

离开疏勒国后，班超率部经过于阗国。听说班超这次是要彻底离开西域，于阗上至国王下至普通百姓，到处都是哭声一片。

于阗王更是握着班超的手，久久不愿松开，"依汉使如父母，诚不可去。"

这句话就说得很重了，不能不让班超动容：我们依赖你们就像孩子依赖父母一样，你们可不能走了啊。

听得国王这么说，底下的大臣们也行动起来，有的抱住班超的腿，有的拉着班超的胳膊，还有的把班超的马拉去喂草，继续催泪挽留。

班超感觉到，这一时半会儿是走不了了，他思虑再三，觉得于阗父老肯定不会让他东归，而他自己也想留在西域，完成自己立功异域的宏愿。

于是，班超把挽留他的众人一一扶起，然后转身面向大殿，朗声说道："既然大家如此盛情，我班超也没有推辞的理由，我宣布，我们留下来和大家一起面对危局，不回去了！"

于阗国人欢呼雀跃，班超在做好安抚工作后，立即率部重返疏勒国。

　　此时的疏勒国，在班超走后，已经有两座城池重新归降了龟兹国，叛乱者还与尉头国联合起来，意图在疏勒国造成大乱，从而夺取政权。

　　疏勒王忠和手下整天惴惴不安，担心国将不国，看到班超等人回来，他们一下子又有了信心。

　　班超顾不上寒暄，立即率部与疏勒军队一起，与反叛军队作战，并将他们的首领逮捕。

　　随后，东汉、疏勒联军又击破尉头国军队，斩杀了六百多人，尉头国元气大伤。

　　至此，疏勒国再次恢复安定，班超也继续选择在这里驻守。

　　班超的内心，规划出一个更大的目标。

第二节　率联军攻姑墨，献策"以夷制夷"

自孤守疏勒，于今五载，"胡夷"情数，臣颇识之。

——班超《请兵平定西域疏》

书奏，帝知其功可成，议欲给兵。

——《后汉书·卷四十七·班梁列传第三十七》

疏勒国的危机解除了，班超也选择继续屯兵于此，但龟兹等国虎视眈眈，一心想把班超这支东汉孤军消灭。

班超当然不肯坐以待毙，他一方面巩固防御工事，加紧兵勇操练，另一方面则积极与疏勒、康居等国联络，力图主动出击，破解眼前的困境。

东汉建初三年（公元78年），在前期做好充分的准备后，班超率领疏勒、康居、于阗、居弥等国军队，共计一万多人，攻打依附于龟兹国的姑墨国，最终姑墨国的石城被攻克，斩杀了700多人，龟兹国被进一步孤立。

石城大捷之后，班超认真分析了西域各国的形势及自身处境，认为可以一鼓作气平定西域各国，便提笔给汉章帝写了一份奏疏《请兵平定西域疏》：

臣窃见先帝欲开西域，故北击匈奴，西使外国，鄯善、于阗即时向化。今拘弥、莎车、疏勒、月氏、乌孙、康居复愿归附，欲共并力破灭龟兹，平通汉道。若得龟兹，则西域未服者百分之一耳。臣伏自惟念，卒伍小吏，实愿从谷吉效命绝域，庶几张骞弃身旷野。昔魏绛列国大夫，尚能和辑诸戎，况臣奉大汉之威，而无铅刀一割之用乎？前世议者皆曰取三十六国，号为断匈奴右臂。今西域诸国，自日之所入，莫不向化，大小欣欣，贡奉不绝，惟焉耆、龟兹独未服从。臣前与官属三十六人奉使绝域，备遭艰厄。自孤守疏勒，于今五载，"胡夷"情数，臣颇识之。问其城郭大小，皆言"倚汉与依天等"。以是效之，则葱领可通，葱领通则龟兹可伐。今宜拜龟兹侍子白霸为其国王，以步骑数百送之，与诸国连兵，岁月之间，龟兹可禽。以"夷狄攻夷狄"，计之善者也。臣见莎车、疏勒田地肥广，草牧饶衍，不比敦煌、鄯善间也，兵可不费中国而粮食自足。且姑墨、温宿二王，特为龟兹所置，既非其种，更相厌苦，其势必有降反。若二国来降，则龟兹自破。愿下臣章，参考行事。诚有万分，死复何恨。臣超区区，特蒙神灵，窃冀未便僵仆，目见西域平定，陛下举万年之觞，荐勋祖庙，布大喜于天下。

在奏疏中，班超回顾了汉明帝派他出使西域的往事，并介绍了西域目前多国愿意归顺，以后一起攻灭龟兹的前景，再三表达了自己愿意留在西域，利用"以夷制夷"的战略，将西域彻底平定的决心。

汉章帝阅览奏疏后，被班超的豪情所感染，认为他的功业可以成功，便传令在国内张榜，招募义士前往西域，增加班超的兵力。

"仲升兄，机会终于来了！"徐干看到皇榜后，立即揭了下来，主动上书请求前往西域，辅佐班超。

东汉建初五年，东汉朝廷任命徐干为假司马，派他率领一千多人和大量武器装备，去增援班超。

而在这期间，西域的局势又发生了改变。

先是莎车国认为东汉不会再来援军了，班超的力量太过弱小，不能保护自己，于是投降龟兹国。

紧接着，疏勒都尉番辰突然发动反叛，在疏勒国内造成了很大的骚乱。

班超的处境非常困难，他的内心充满了压力，但他告诫自己，无论如何必须坚守，等待援军到来后，再发动反击。

徐干似乎能感受到班超的焦炙，他率军快马加鞭，以最快的时间到达疏勒国，与班超会合。

班超看到来的人是徐干，大喜过望："克振，一别九年不见，你越发英武了，你来了我真的特别高兴！"

徐干握住班超的双手，久久不愿分开，"仲升兄，前几天我父母的病情好转后，我就琢磨着想找你去，但西域形势越发恶劣，天子下诏要你班师回朝，我也就没敢动身了。"

"看来，我们共同建功立业的想法，还是要实现啊！"班超大笑着松开了手，吩咐手下去拿酒肉。

"必须的，你我兄弟在此大干一场，一定要打出风采，打出我大汉天威！"徐干坚定地说道。

两人大口喝酒、大口吃肉，将多年衷情诉尽，才慢慢睡了过去。

接下来的几天，班超跟徐干认真分析了形势，决定合兵一处，攻打番辰叛军。

番辰叛军招架不住，很快溃不成军，汉军斩杀了一千多人，缴获了很多武器和牲畜，平息了这场叛乱。

攻破番辰叛军之后，班超开始琢磨着进军龟兹国，以便让附庸于它的西域小国重归东汉王朝。

但龟兹国也不是好惹的，它本身拥有一支西域强军，内有西域多国支持，外有北匈奴这棵"大树"，实在是不好下手。

班超左思右想，认为西域的另一强国乌孙兵力强盛，可以借助它的力量，一起对付龟兹国。

于是，班超再次给汉章帝上书说："乌孙大国，控弦十万，故武帝妻以公主，至孝宣皇帝，卒得其用。今可遣使招慰，与共合力。"

班超首先点明乌孙国强大的军事实力，其次对乌孙国与汉朝交流的历史进行了回顾，认为在西汉王朝时期，汉武帝就意识到它的强大，才把细君公主嫁给了乌孙王，等到汉宣帝的时候，汉军得到了乌孙国的帮助，大破匈奴。

因此，班超建议，如果朝廷想要平定西域，就需要获得乌孙国的支持，那么现在就可以派使者去安抚乌孙国，以便与其通力合作。

汉章帝非常赞赏班超的建议，并吩咐大臣们商议具体实施的办法。

方法是对的，可派的人太孬，也会出现很大的问题，班超也因此差点中招。

第三节　遭李邑怯懦毁谤，不计前嫌赢得信任

李邑始到于阗，而值龟兹攻疏勒，恐惧不敢前，因上书陈西域之功不可成，又盛毁超拥爱妻，抱爱子，安乐外国，无内顾心。

——《后汉书·卷四十七·班梁列传第三十七》

是何言之陋也！以邑毁超，故今遣之。内省不疚，何恤人言！快意留之，非忠臣也。

——班超

东汉建初八年（公元83年），汉章帝下诏，任命班超为将兵长史，同时提升徐干为军司马。

这是一个信号，表明班超的奏疏得到了汉章帝的认可。

果然，在班超、徐干二人的任命决定之外，汉章帝还派遣卫侯李邑，带队护送乌孙使者一行，并给乌孙国的首领大小昆

弥及其他官员带去大量锦帛等礼品。

李邑承载了连接东汉王朝和乌孙国的重任，可他的一个致命缺陷，不仅让两国关系没能更快发展，反而给班超带来了麻烦。

李邑一行人刚刚到达于阗国时，正赶上龟兹国军队进攻疏勒国，呼啸而过的铁骑，漫天卷起的黄沙，让李邑这个久居官衙的侯爷不敢动了，他害怕了，马上让所有人就地驻扎，不敢再继续往前走。

此时班超、徐干等人还驻守在疏勒国，等待着李邑带来汉章帝的抚慰。

李邑也很清楚这一点，但他实在是怕，为了掩饰自己的怯懦，李邑想出了一个卑鄙无耻的办法。

李邑深夜挑灯提笔，开始绞尽脑汁造谣：现在班超等人想要平定西域，不仅花费了很多财力、物力、人力，还是劳而无功，而且也不可能成功。班超现在身边妻妾成群，每天只顾抱着孩子玩，在异国他乡享受安乐，根本没有心思考虑国内的事情，实在有负圣恩。

第二天一大早，他就安排信使带着这封奏疏，快马加鞭赶回京师洛阳，抢先上书给朝廷。

班超刚开始听说李邑到了西域，备受鼓舞，但李邑多日不见前往疏勒国，反而一直龟缩在东汉与西域边境地区，班超起了疑心，派出精干手下前去打探情况。

得知李邑污蔑自己，诽谤平定西域大计后，班超心都凉了："身非曾参而有三至之谗，恐见疑于当时矣"。

班超的悲愤溢于言表，他觉得自己并非是曾参那样的圣人，却遭到了这种添油加醋的诽谤，他更担心的是，这些谣言在经过反复传播之后，可能会让很多人对他产生怀疑，最终影响到汉章帝对他的信任，危及东汉朝廷平定西域的大计。

为了打消国人的顾虑，尤其是让汉章帝安心，班超毅然让妻子离开了自己。

汉章帝接到李邑的密奏后，对其中的内容特别不解，因为他深知，一直为平定西域而劳心劳力的班超，是多么忠诚的一员大将。

于是，汉章帝下诏严厉地责备了李邑："纵超拥爱妻，抱爱子，思归之士千余人，何能尽与超同心乎？”

汉章帝虽然没有见过班超，但他从班超的奏疏，以及班超在西域的坚定经营开拓，对班超很放心：退一万步说，就算是班超身边有妻子和孩子，西域距汉土一万多里，我们派驻在那里的一千多位将士，都很思念家乡，可他们却能跟随班超，齐心协力在西域建功立业，这显然，是班超本人干得好啊！

汉章帝还命令李邑，立即前往疏勒国拜谒班超，并且要接受班超的调度。

同时，汉章帝也给班超下了一道诏书，明确告诉班超：“若邑任在外者，便留与从事。”

汉章帝给了班超一颗定心丸，就是说如果班超想让李邑留在西域做事，那就随他安排，相当于把李邑交由班超发落。

不过，班超见到李邑后，却没有多说什么，寒暄几句后，便让他带着乌孙侍子返回京师洛阳了。

徐干也知道这一切的来龙去脉，深知班超多日来的煎熬，他为班超打抱不平：“邑前亲毁君，欲败西域，今何不缘诏书留之，更遣它吏送侍子乎？”

徐干是一个心直口快的人，他认为李邑之前不仅大肆污蔑班超，还想毁掉平定西域的大计，这种人就应该借汉章帝的旨意，把他留在西域处置，另外派人护送乌孙侍子回京师。

班超冲着徐干大笑一声，慨然说道："是何言之陋也！以邑毁超，故今遣之。内省不疚，何恤人言！快意留之，非忠臣也。"

班超的眼界比徐干高得多，他觉得正是因为李邑之前诽谤了自己，现在才更要把李邑打发回京师，如果自己光明磊落，根本就不用担心别人的议论。而为了泄私愤一时冲动把李邑留下来，这显然不是一个忠臣干的事情，而且李邑还会成为一个烫手山芋。

果然，汉章帝对班超这种公私分明的安排非常满意，对他也更放心了。

接下来，汉章帝再次派出增援部队，而班超也遇到了新的困难。

第四节 疏勒王忠反汉，设"鸿门宴"斩杀之

超密勒兵待之，为供张设乐，酒行，乃叱吏缚忠斩之。

——《后汉书·卷四十七·班梁列传第三十七》

东汉建初九年（公元 84 年），汉章帝又派假司马和恭等四人，率兵八百增援班超。

班超集齐各路人马后，认为时机成熟，决定联合疏勒、于阗两国的兵马，一起进攻之前投降龟兹国的莎车国。

莎车王得知这个消息后，知道自己根本不是班超的对手，便私下派人跟疏勒王忠联系，用重金贿赂他。

疏勒王忠对班超当年坚持释放兜题很有意见，而班超驻扎疏勒国多年，不仅消耗疏勒国的人力、财力、物力，还引得龟兹等国军队频频进攻疏勒国，于是，疏勒王忠毫不犹豫地接受了莎车王的贿赂，突然背叛班超，领兵发动叛乱，占据了乌

即城。

面对这一突如其来的变故，班超没有惊慌，他很快改立疏勒府丞成大为新任疏勒王，并调集所有没有参与叛乱的疏勒军队，与汉军一起进攻前疏勒王忠叛军。

然而，前疏勒王忠得到了康居国派来的精兵援助，双方交战半年多，班超也没能攻克乌即城。

眼看着汉军伤亡越来越多，士气慢慢低落，班超意识到，不能这么硬碰硬打下去，得另想办法。

当时，月氏国刚刚和康居国通婚，而班超和月氏王的关系不错，于是，他想到了一个好办法。

班超派人给月氏王送了厚礼，让他对康居王晓以利害，不要继续与汉军作对。

康居王听了月氏王的劝说，也觉得出兵多日劳而无功，决定借此机会罢兵，并带着前疏勒王忠一起回到康居国，就这样，乌即城很快被班超收复。

但前疏勒王忠并不甘心失败，他一直在游说康居王，希望他能支持自己重返故国。

东汉元和三年（公元 86 年），前疏勒王忠忽悠成功，从康居王那里借了一些兵马，重新折返回来，据守在损中。

但前疏勒王忠也很清楚，以他的实力不可能与班超硬碰硬，那样就是炮灰，反而输得更惨。

为了打赢班超，前疏勒王忠不惜与先前的仇敌龟兹国勾结，双方商定由前疏勒王忠派人向班超诈降，得逞后里应外合攻灭班超率领的汉军。

前疏勒王忠说干就干，立即写了一封投降信，声称自己被莎车王和康居王的财色诱惑，导致犯下了不可饶恕的错误，希望能够得到班超的谅解，重新返回疏勒国，只要做一个普通老百姓就好。

班超看穿了前疏勒王忠的诡计，但他并没有拆穿，而是决定将计就计，答应了前疏勒王忠的投降请求，但提出一个要求，就是让前疏勒王忠亲自前来，把投降表递给班超。

前疏勒王忠听说班超同意受降，以为班超已经中计，顿时欣喜若狂，便只带了几个亲随就跑去见班超。

班超私下安排刀斧手埋伏在大殿四周，前疏勒王忠等人到来后，班超为他们举办了隆重的酒宴，看起来一团和气。

可就在宴席中，班超突然怒斥前疏勒王忠忘恩负义，狼子野心，就在前疏勒王忠试图反抗之际，班超击掌召出刀斧手，直接将他就地斩杀，前疏勒王忠的随从也被杀。

前疏勒王忠死后，由于群龙无首，他的部众军心涣散，班超趁机出动军队将他们消灭，西域南道就此打通。

疏勒国的大患算是解决了，但班超决定将背后做动作的莎车国好好教训一番。

第五节 再攻莎车国，以退为进威震西域

今兵少不敌，其计莫若各散去。于阗从是而东，长史亦于此西归，可须夜鼓声而发。

——班超

超知二虏已出，密召诸部勒兵，鸡鸣驰赴莎车营，胡大惊乱奔走，追斩五千余级，大获其马畜财物。

——《后汉书·卷四十七·班梁列传第三十七》

解决完前疏勒王忠的反叛后，班超决定一鼓作气，消灭前疏勒王忠背后的唆使者莎车国。

东汉元和四年（公元 87 年），在进行了充分地调动工作后，班超联合于阗等国，共计士兵两万五千多人，再次进攻莎车国。

莎车王知道自己绝对抵挡不住班超联军，赶紧让使者带着

大批金银珠宝，向他背后的龟兹国求援。

龟兹王也没有含糊，立即派遣自己的左将军带领温宿、姑墨、尉头等国联军，拥兵五万多人救援莎车国。

面对敌众我寡的局面，班超知道硬碰硬会很吃力，决定智取这场战争的胜利。

可是，该怎么让敌军上钩呢？班超失眠了。

突然，班超一个激灵跳了起来，"有了，就这么干！"

这时天微微亮，班超立即召集所有将校和于阗王，语气沉重地对大家说："今兵少不敌，其计莫若各散去。于阗从是而东，长史亦于此西归，可须夜鼓声而发。"

班超的脸色很难看，他的意思就是，我们军队比人家少得多，肯定打不过他们，现在走为上策，各自四散撤退，于阗王率领一部分军队往东走，我们带领其他军队往西跑，听到夜里的鼓声后，大家就分头跑路。

有的将领提出不同意见，认为还可以想想办法，与对方一较高下，但班超摆摆手，就宣布散会了。

与此同时，班超还偷偷派人故意放松对龟兹国俘虏的看管，把这个信息泄露给他们，让这些俘虏逃回去报信。

果然，接到班超准备逃亡的消息后，龟兹王非常高兴，决定亲自率领一万骑兵，埋伏在西边截杀班超军队，同时派温宿王率领八千骑兵在东边阻击于阗军队。

班超侦知龟兹王和温宿王已经分头出兵后，私下召集各路将领，要求他们整顿各自的队伍，迅速出兵，在鸡鸣时分直扑莎车军大本营。

莎车王本以为班超已经率军队撤离，有龟兹王和温宿王的军队分头阻击，可以高枕无忧，因此营中并没有防备，班超联军突然到来后，莎车军以为神兵天降，吓得惊慌失措，四下逃散，班超趁势指挥军队，追斩五千多人，获得无数的马畜财物。

莎车国经此一败，国力大衰，知道再与汉军作对，只有死路一条，只能向班超投降，龟兹、温宿等国军队也扑了个空，各自率军退去。

这一仗，让班超的威名传遍西域各国，东汉王朝的影响力也越来越大。

班超在西域的步步惊喜，也通过书信交流，让身在京师的大哥班固很是振奋，不再满足于书案边。

班固开始寻找出征建功的机会。

第十章

班固：随军灭亡北匈奴，

受牵连含冤去世

北匈奴求和亲，上《匈奴和亲议》

随窦宪攻北匈奴，作《封燕然山铭》

株连被免，遭算冤死狱中

随军灭亡北匈奴，危机显现

第一节　北匈奴求和亲，上《匈奴和亲议》

臣愚以为宜依故事，复遣使者，上可继五凤、甘露致远
人之会，下不失建武、永平羁縻之义。

——班固《匈奴和亲议》

东汉建初七年（公元 82 年），《汉书》初步完成以后，班固
开始对自己的人生进行反思。

班固认为，自己饱读诗书，校正皇家典籍，撰写《汉书》
多年，虽然得到汉明帝、汉章帝两代皇帝的信任，和天下士人
的敬仰，但年逾半百，也不过是做了兰台令史、校书郎、玄武
司马之类的小官，与自己的宏愿相去甚远。

班固很不甘心，他也想跟先祖一样，戎马万里，建功立业，
尤其在看到弟弟班超在西域屡建奇功后，他也开始跃跃欲试。

此时，班固的同窗傅毅，也在汉章帝的国舅、颍阳侯、特

进马防门下担任军司马三年，并受到马防的特殊礼遇，以师友礼待他。

为什么傅毅可以跳出来呢？

原来，早在东汉建初四年（公元 79 年）时，位高受宠的颍阳侯、车骑将军、城门校尉马防，听说傅毅的才学不凡，就将他聘为军司马，在自己身边任职。

东汉建初五年（公元 80 年），汉章帝任命马防为光禄勋，傅毅继续跟在马防身边，地位也水涨船高。

东汉建初八年（公元 83 年），马防因哥哥顺阳侯、羽林左监、虎贲中郎将马廖之子步兵校尉马豫，非议朝廷之事牵连，被以奢侈过度、扰乱教化为名，罢官返回封地。

马防失势后，傅毅也受到牵连，被免官归乡。

临行前，班固特意出城送别傅毅，他举起酒杯，对傅毅说道："武仲，我这次是来还二十九年前的人情，我忘不了你说的那句后会有期。也许，干了这杯酒，我们还会有机会再见的。"

傅毅一饮而尽，回道："孟坚兄，我也坚信这一点，我们就此别过，后会有期。"

目送傅毅走后，班固喃喃自语："武仲所托非人，耽误大好前程啊。"

不久，北匈奴单于派使者来到京师洛阳，朝见汉章帝并纳贡，提出想要和东汉王朝和亲的请求。

汉章帝拿不定主意，召集百官商议对策。由于北匈奴一直以来都是汉朝边患，而南匈奴早就归附，所以很多大臣的意见都一致："匈奴变诈之国，无内向之心，徒以畏汉威灵，逼悍'南虏'，故希望报命，以安其离叛。今若遣使，恐失'南虏'亲附之欢，而成'北狄'猜诈之计，不可。"

也就是说，大部分朝臣认为，北匈奴是一个狡诈多变的敌国，没有丝毫内附的意愿，只是因为害怕我们大汉的军威，也受到了南匈奴的逼迫，所以才希望跟朝廷谈条件，希望我们能安抚一下他们背离叛逆的企图。如果我们现在派出使者去北匈奴，恐怕会造成得不偿失的后果，一方面可能会让南边已经归附的南匈奴产生误会，另一方面则让北匈奴的诡计得逞，我们肯定不能跟他们接触。

但班固并不这么认为。

朝会结束后，班固特地给汉章帝上了一篇《匈奴和亲议》，阐述自己对北匈奴的观点：

窃自惟思，汉兴已来，旷世历年，兵缠"夷狄"，尤事匈奴。绥御之方，其涂不一，或修文以和之，或用武以征之，或卑下以就之，或臣服而致之。虽屈申无常，所因时异，然未有拒绝弃放，不与交接者也。故自建武之世，复修旧典，数出重使，前后相继，至于其末，始乃暂绝。永平八年，复议通之。而廷争连日，异同纷回，多执其难，少言其易。先帝圣德远览，瞻前顾后，遂复出使，事同前世。以此而推，未有一世阙而不修者也。今乌桓就阙，稽首译官，康居、月氏，自远而至，匈奴离析，名王来降，三方归服，不以兵威，此诚国家通于神明自然之征也。臣愚以为宜依故事，复遣使者，上可继五凤、甘露致远人之会，下不失建武、永平羁縻之义。虏使再来，然后一往，既明中国主在忠信，且知圣朝礼义有常，岂可逆诈示猜，孤其善意乎？绝之未知其利，通之不闻其害。设后北虏稍

强，能为风尘，方复求为交通，将何所及？不若因今施惠，
为策近长。

奏疏中，班固提到了汉朝历代与北匈奴对抗、合作的往事，
建议通使北匈奴，以宣扬汉德，同时为以后解决北匈奴问题作
准备。

而在现实中，随着东汉朝廷一件大事的发生，班固也等来
了进入军队的机会。

第二节　随窦宪攻北匈奴，作《封燕然山铭》

永元初，大将军窦宪出征匈奴，以固为中护军，与参议。

——《后汉书·卷四十上·班彪列传第三十下》

封神丘兮建隆嵑，熙帝载兮振万世！

——班固《封燕然山铭》

东汉章和二年（公元 88 年），三十一岁的汉章帝刘炟在章德前殿去世，皇太子刘肇即位，是为汉和帝。

由于汉和帝刘肇年仅十岁，群臣拥戴汉和帝的嫡母窦太后临朝称制。

窦太后为了方便掌控朝政，随即把哥哥窦宪由虎贲中郎将提升为侍中，掌管朝廷机密，负责发布诰命；弟弟窦笃担任虎贲中郎将，统领皇帝的侍卫；弟弟窦景、窦环全都任命为中常将，负责传达诏令和统理文书。

一时间，窦氏兄弟都进入了东汉朝廷的显要位置，窦氏家族风光无限，威权赫赫。

紧接着，窦太后又增加盐铁税来充实军费，准备大举进攻北匈奴，解决边患问题。

东汉永元元年（公元89年），班固的母亲去世，班固悲恸欲绝，决定辞官护送母亲的灵柩返回老家，留下来继续在老家守孝。

而就在班固回乡料理母亲后事之际，朝中发生了一件大事，也促成了班固塞外立功的夙愿。

原来，窦宪大权在握之后，暴露出了自身的一个阴暗面：睚眦必报。

窦宪先是派人杀死谒者韩纡，并割下韩纡的首级在父亲窦勋墓前祭奠，仅仅是因为韩纡当年曾经审判过窦勋的案件。

后来，窦宪又公然派遣刺客，在京师驿馆杀死了都乡侯刘畅，并且嫁祸给了刘畅的弟弟利侯刘刚，还派人将刘刚抓了起来，意图屈打成招。

那么，窦宪为什么要杀刘畅呢？这一切源于汉章帝的死。

当时，刘畅和弟弟刘刚来京师为汉章帝吊丧，窦太后在召见刘畅时，对他的印象非常好，不仅连日来多次找刘畅小聚，还为他在京师安排了最高等的驿馆，隐隐透露出想把刘畅留在京师、署理朝政的打算。

窦宪得知妹妹窦太后的想法后，担心刘畅入朝会分了他的权，不甘坐等被动，索性直接杀死了刘畅。

然而，窦宪这次闯下了大祸，刘畅绝非是他能惹得起的主。

刘畅何许人也？他是东汉开国皇帝、汉光武帝刘秀的哥哥齐武王刘缜的后裔，从汉光武帝开始，历代东汉皇帝对刘缜家族非常重视，待遇跟皇帝的子孙类似。

因此，刘畅死后，窦太后和汉和帝都严令彻查，很快事态就超出了窦宪的控制，真相浮出水面。

一时间朝议汹汹，纷纷请求诛杀窦宪，窦太后对此也是勃然大怒，下令将窦宪禁闭于内宫之中。

当时，中原王朝的多年死敌匈奴，已经分裂为南北两部，南匈奴依附东汉朝廷，与东汉军队一同抵御北匈奴的袭扰和进攻。恰逢北匈奴又一次扰边，南匈奴单于请求东汉朝廷出兵，一起讨伐北匈奴。

窦宪担心妹妹窦太后会在盛怒之下，将自己禁锢起来甚至赐死，断送自己后半生的政治前途，于是主动请求率军出击北匈奴，以赎死罪。

窦太后有心袒护窦宪，便不顾大部分朝臣的反对，决意出兵北匈奴，不仅把窦宪放了出来，还任命他为车骑将军，佩金印紫绶。

班固得知窦宪成为攻伐北匈奴的主帅后，立即修书一封，向窦宪表明了自己疆场立功的心愿。

窦宪很快同意了班固的请求，并任命他为中护军，参与军中谋议。

窦宪为什么会这么给班固面子呢？

原因就在于，窦宪是安丰戴侯、大司空窦融的曾孙，窦融则与班固的父亲班彪有旧，两家算世交了，窦宪对班固的才华早有耳闻，他也需要这么一个人，于是一拍即合。

窦宪率军出击，与北匈奴军队在稽落山作战，北匈奴大败，士卒四散逃离，北匈奴单于狼狈不堪，仅率数十名亲信逃走。

窦宪没有放弃，迅速整合军队追击，直到私渠比鞮海才停下脚步。

这一仗，窦宪大军共斩杀北匈奴名王以下将士一万三千多人，俘获马、牛、羊、驼百余万头，同时受此战影响，来投降的有八十一部，前后二十多万人。

窦宪意气风发，登上燕然山，刻石勒功，命班固写下了著名的《封燕然山铭》：

惟永元元年秋七月，有汉元舅曰车骑将军窦宪，寅亮圣明，登翼王室，纳于大麓，维清缉熙。乃与执金吾耿秉，述职巡御。理兵于朔方。鹰扬之校，螭虎之士，爰该六师，暨南单于、东胡乌桓、'西戎'氐羌，侯王君长之群，骁骑三万。元戎轻武，长毂四分，云辎蔽路，万有三千余乘。勒以八阵，莅以威神，玄甲耀目，朱旗绛天。遂陵高阙，下鸡鹿，经碛卤，绝大漠，斩温禺以衅鼓，血尸逐以染锷。然后四校横徂，星流彗扫，萧条万里，野无遗寇。于是域灭区殚，反旆而旋，考传验图，穷览其山川。遂逾涿邪，跨安侯，乘燕然，蹑冒顿之区落，焚老上之龙庭。上以摅高、文之宿愤，光祖宗之玄灵；下以安固后嗣，恢拓境宇，振大汉之天声。兹所谓一劳而久逸，暂费而永宁者也，乃遂封山刊石，昭铭盛德。其辞曰：

铄王师兮征荒裔，

剿凶虐兮截海外。

夐其邈兮亘地界，

封神丘兮建隆嵑，

熙帝载兮振万世！

在这篇赞文中，班固将窦宪率军大胜北匈奴军队的燕然山大捷，详尽铺陈描述了一番，表达了对窦宪由衷的敬仰。窦宪对此也非常满意，班固更受器重。

由于《封燕然山铭》写得太过精彩，以及燕然山大捷的辉煌胜利，后世便以"燕然勒功"作为建立或成就功勋的典故。

北匈奴单于落败逃窜后，北匈奴开始人心离散，窦宪派出司马吴汜、梁讽等人，携带金帛追寻北匈奴单于，企图招降他。

吴汜、梁讽等人一路宣扬大汉国威，前后有一万多人投降。在北海西北的西海，他们追上了穷途末路的北匈奴单于，劝说他仿效当年呼韩邪单于归汉的先例，归附东汉朝廷，这样才能保存国家，安定国人。

北匈奴单于本来担心汉军会穷追不舍，彻底消灭北匈奴，见吴汜、梁讽等人言说归附东汉王朝的好处，一下子就放松了，于是率领他的部下与吴汜、梁讽等人一起回到私渠海。

此时，窦宪已经班师回国，驻扎在五原，他的声望再次高涨起来，大臣们纷纷为他道喜，盛赞他的功绩。

窦宪不动声色，又请了一个人担任主记室，并告诉班固，这是他的故人。

班固有些迟疑，他似乎有一种预兆，等窦宪带着那人进门的一瞬间，他乐了："武仲，真是你！"

"孟坚兄，我们又见面了，这一别已是六年。"来人正是傅毅，两人哈哈大笑起来。

窦宪也很高兴，他对着班固、傅毅说道："两位先生都是大才，这是我窦某的福气，我们要好好地喝一次。"

说罢，吩咐手下准备宴席，众人觥筹交错，一醉方休。

汉和帝对窦宪的战绩也很满意，不久下诏任命他为大将军，封爵武阳侯，窦宪因此权震朝野。

窦宪随后又任命傅毅为司马，仍然与班固一起在自己麾下效命。

北匈奴单于听说汉军已入塞，就派他的弟弟右温禺鞮王随吴汜、梁讽等人到京师洛阳，向东汉朝廷进贡，并留下来侍奉汉和帝。

窦宪见北匈奴单于没有亲自到洛阳，认为他还缺乏足够的诚意，便奏请朝廷把右温禺鞮王遣送回北匈奴，准备再次出征。

窦宪盯着北匈奴单于的动向，寻找着再次发出致命一击的机会，班固也期待着能够一起参与这历史性的一刻。

第三节　随军灭亡北匈奴，危机显现

车骑将军应昭明之上德，该文武之妙姿，蹈佐历，握辅
策，翼肱圣上，作主光辉。

　　　　　　　　　　　　——班固《窦将军北征颂》

宪上遣固行中郎将事，将数百骑与虏使俱出居延塞迎之。

　　　　　　——《后汉书·卷四十上·班彪列传第三十下》

　　窦宪在京师洛阳期间，受到汉和帝和大臣们的双重肯定，
窦氏兄弟全部加官晋爵，都在大修宅第，竞相攀比着档次和
品位。

　　班固对窦宪的功绩很推崇，还为他写了一篇《窦将军北征
颂》，内有"车骑将军应昭明之上德，该文武之妙姿，蹈佐历，
握辅策，翼肱圣上，作主光辉。资天心，谟神明，规卓远，图
幽冥，亲率戎士，巡抚强城。勒边御之永设，奋橹之远径，闵
遐黎之骚锹，念荒服之不庭"之语。

在这篇颂中，班固出于两家的世交关系，和幕僚对主公的敬意，把窦宪夸得天花乱坠，傅毅也写了一篇同名作《窦将军北征颂》，也是类似效果。

窦宪对两人的文采大加赞赏，同时内心的欲望也更加膨胀。

东汉永元二年（公元 90 年），窦宪领兵出镇凉州（治所在今甘肃秦安县东北），随时准备出征北匈奴。

北匈奴单于元气大伤，自知无法与汉军对抗，因之前东汉朝廷遣返了他的弟弟右温禺鞮王，又派车谐储王等人到居延塞（今甘肃额齐纳旗）见窦宪，请求向东汉朝廷称臣，并准备入京朝见。

窦宪上表说明了北匈奴单于的请求，窦太后同意后，窦宪派班固、梁讽带领数百人，前往迎接北匈奴单于。

而就在这时，南匈奴单于上书汉廷，建议乘着北匈奴势力薄弱之际，消灭北匈奴，然后南、北匈奴合并归汉，汉廷同意。

于是，南匈奴单于领兵大败北匈奴，北匈奴单于受重伤逃走。

班固等人来到私渠海，听说南、北匈奴火并的消息后，认为迎接北匈奴单于的条件已不具备，就转头返回窦宪军中。

窦宪认为，北匈奴已经不值得再保留，决定将它彻底消灭。

东汉永元三年（公元91年），窦宪派右校尉耿夔、司马任尚等人率兵出居延塞，在金微山大破北匈奴军队，斩首五千余级，北匈奴单于遁逃，不知去向，北匈奴灭亡。

窦宪平定北匈奴后，威望达到了顶点，不仅窦氏家族再次加官晋爵，所有党羽也纷纷登堂入室，朝政大权和很多关键部门都被窦宪及其党羽把持。

窦宪自以为有大功于东汉朝廷，行事跋扈无忌，尚书仆射郅寿、乐恢等人，因为违忤了窦宪之意，相继自杀。

很多大臣见此，噤若寒蝉，对以窦宪为首的窦氏家族成员言听计从，但也有部分忠于汉室的大臣，对此非常不满。

班固的心情，则非常不好受，因为他的多年同窗和文友傅毅已经病入膏肓。

"武仲，你还年轻，一定能撑过来的，安心养病就好，不要有太多顾虑。"班固又一次来到傅府，拉着躺在床榻上的傅毅说道。

"孟坚兄，谢谢你一直牵挂着我，我的身体我最清楚，人固有一死，这一生能看那么多好书，写出几篇还看得过去的文章，更幸运的是，认识你这样一位挚友，已经足够了。"傅毅看着班固，有气无力地回应着。

"武仲，不可如此消极，如今窦大人在朝廷的地位如日中天，你我以后还有更多的事情要做，夙愿尚未达成，怎么能离开呢？"班固一脸豪气，对未来的发展充满信心。

"孟坚兄，我是没机会了，不过你自己也要留神，现在窦氏家族权倾朝野，已经有不满的声音传出，当朝天子难保不起疑啊。将死之人，我也只能说这么多了。"傅毅把屋子里的人都支走后，让班固凑在耳边，悄悄对他说了这番话。

班固缓缓抬起身，半天没能说上一句话。

两人相对默然，最后班固嘱咐傅毅安心静养，满怀心事地走出了傅府。

几天后，傅毅悄然去世，死在了山雨欲来风满楼前夕。

班固为傅毅吊唁、祷告，痛惜他的英年早逝，但心里的那个疑问，还是没有答案：窦氏家族有大功于国，朝政大权在握，真的会出事吗？

第四节　株连被免，遭算冤死狱中

百男何愦愦，不如一缇萦。

——班固《咏史》

及窦氏宾客皆逮考，兢因此捕系固，遂死狱中。

——《后汉书·卷四十上·班彪列传第三十下》

　　所谓当局者迷，指的就是这时身处窦宪幕府的班固。

　　窦太后任人唯亲、刚愎自用，窦氏父子兄弟把持朝政大权，结党营私，胡作非为，早已引起了一些正直朝臣的不满，他们不断上书进谏，汉和帝刘肇对此心知肚明，但无可奈何。

　　后来发生的一件事情，让汉和帝察觉到了危险。

　　当时，汉和帝在皇宫里召见窦宪，有一些朝臣上奏，称窦宪的功绩超越前人，朝臣在见窦宪的时候，应该对他下拜，称他为"万岁"。

　　面对这一无耻要求，很多大臣都选择不言语，只有尚书韩棱愤怒指责"礼无人臣称万岁之制"，才算制止了这场闹剧。

汉和帝意识到，窦氏家族的权势已经威胁到了皇权，朝臣中也有大批他们的党羽，必须得采取行动来结束这一切。

东汉永元四年（公元 92 年），窦宪和他的党羽穰侯邓叠、射声校尉郭举等人图谋作乱，共同策划杀害汉和帝。

汉和帝暗中了解到了他们的阴谋，但窦宪兄弟阻断了他与大臣们接触的机会，平时一同相处的只有宦官。

汉和帝认为窦宪党羽太多，担心会泄密，知道中常侍、钩盾令郑众做事机敏，平时与窦氏家族保持距离，便招来郑众，与他密谋，决定杀掉窦宪。

汉和帝的哥哥清河王刘庆，受到汉和帝的特别恩遇，经常进入宫廷，开展行动前，汉和帝想拿到班固所写的《汉书·外戚传》看看，想从中找到皇帝诛杀舅父的先例。

但汉和帝害怕左右随从会泄密，不敢让他们去找，便深夜将清河王单独接入内室，命他私下向千乘王刘伉借阅。

同时，汉和帝还命清河王向郑众传话，让郑众加紧做准备工作。

窦宪进入京城之后，汉和帝亲临北宫，下诏令执金吾和北军五校尉领兵备战，驻守南宫和北宫；关闭城门，逮捕郭举、邓叠等窦宪党羽，将他们全部送往监狱处死。

接着，汉和帝又派谒者仆射，收回窦宪的大将军印信绶带，将他改封为冠军侯，同窦笃、窦景、窦瑰等窦氏家族成员，一并前往各自的封国。

虽然汉和帝因窦太后的缘故，不愿正式处决窦宪，但窦宪等人到达封国以后，全都被强迫命令自杀。

汉和帝成功夺回了朝政大权，再现了《汉书·外戚传》中记载的"汉宣帝刘询诛大司马霍禹"的故事。

窦宪死后，汉和帝开始缉查他的余党，班固因与窦宪关系密切，也受到株连，被就地免职。

然而，洛阳令种兢听说班固因窦宪之事遭殃后，继续落井下石，借机罗织罪名，将班固逮捕入狱。

种兢为什么如此痛恨班固呢？

原来，种兢当年路过班府时，班固的仆人拦住了他的车队，要求他们下马跪拜。

种兢的手下大声呵斥，班固的仆人却没有退后，反而边喝酒边醉醺醺地破口大骂。

种兢大怒，但他知道班固背后有窦宪这棵大树，只能隐忍不发，但对班固的恨已经记下了。

这次趁着汉和帝四处搜捕窦宪余党，种兢便把班固抓了，每天派人严刑拷打。

班固平素对孩子们很宽松，他们都没有继承班家的诗书传统，长大后一个个不遵守法度，根本指望不上。

班固指望不上儿子们，弟弟班超又远在万里之外的西域，他觉得这次凶多吉少，想起傅毅的临终告诫，心中无限感慨，在狱中写下了一首五言诗《咏史》：

　　三王德弥薄，惟后用肉刑。

　　太苍令有罪，就递长安城。

　　自恨身无子，困急独茕茕。

　　小女痛父言，死者不可生。

　　上书诣北阙，阙下歌鸡鸣。

忧心摧折裂，晨风扬激声。

圣汉孝文帝，恻然感至情。

百男何愦愦，不如一缇萦。

在诗中，班固提到了西汉文帝时期，奇女子缇萦救父的故事，侧面表达了自己对儿子们的失望，以及对自身处境的绝望。

不久，六十一岁的班固因不堪折磨，死于狱中。

汉和帝得知班固去世的消息，下诏谴责了种兢公报私仇的恶劣做法，并将害死班固的狱吏处死抵罪。

班固虽然冤死，没能实现他人生中更大的突破，然而，一部《汉书》已经让他千古不朽。

由于远离中土、身在西域的班超根本不知道哥哥班固的惨遇，他正在迎来人生的辉煌。

第十一章
班超：
万里封侯，叶落归根

连环计定三国，西域
归汉万里封侯

巧破月氏、龟兹，受封西
域都护

临终交接倾吐肺腑，
回洛一月身亡

思归上书求代，班昭为兄上
书求情

第一节 巧破月氏、龟兹，受封西域都护

月氏兵虽多，然数千里逾葱领（岭）来，非有运输，何足忧邪？但当收谷坚守，彼饥穷自降，不过数十日决矣。

——班超

超纵遣之。月氏由是大震，岁奉贡献。

——《后汉书·卷四十七·班梁列传第三十七》

班超得到哥哥班固去世的消息时，已经过去了几个月。他接到家信后，半天不发一言，平静地处理完手头的军务，一个人走进后堂，大哭起来。

班超想起了三十多年前，自己千里奔波，为陷入牢狱之中的哥哥面圣求情，一家人得以来到京师，有了立功疆场的机会。

如今，班超也是六十一岁的老人，哥哥再次落入牢狱，自己不仅没能及时相助，连见最后一面的机会也没有了。

不过，班超不敢悲伤太久，因为平定西域的大计，还等着他去实现。

在班超的印象里，不久前的那一场和月氏国的恶战，也是惊心动魄。

东汉永元二年（公元 90 年），月氏王派副王谢率兵七万，东越葱岭攻打班超驻地。

月氏王为什么突然要对班超下手呢？

原来，当初汉军进攻车师国时，月氏国出过力，月氏王认为自己有功，就派遣使者来到班超驻地，提出向东汉朝廷进贡珍宝、狮子等，并要求娶东汉公主为妻。

班超志在以武力平定西域，当然拒绝了这个要求，月氏王因而怀恨在心。

如今，月氏大军压境，来势汹汹，班超的军队在人数上处于绝对劣势，大家都很恐慌。

班超却是气定神闲，他对众人说道："月氏兵虽多，然数千里逾葱领（岭）来，非有运输，何足忧邪？但当收谷坚守，彼饥穷自降，不过数十日决矣。"

月氏军虽然兵多将广，但他们是从几千里之外赶来的，不仅疲惫不堪，粮草更是问题，我们只要把粮食全部聚拢起来，不要让他们抢走，就是坚守不出，月氏军没有粮草补给，过不了旬月就会自我溃败，不需要太担心。

果然，月氏大军一来就进攻班超驻地，想要与汉军决战，但班超就是不接招，月氏军数次进攻都被轻松击溃，只能在城下干着急，占不到半点便宜。

眼看着粮草一天天减少，汉军又打起了坚守战，月氏副王谢急了，又派兵抢掠粮草，但附近的粮草早已被班超提前清走，他们一无所获，几番折腾下来更加疲惫不堪。

半个月后，班超估计月氏大军粮草将尽，一定会派人到龟兹国求救，赶紧派遣数百精兵在月氏大军必经之路上埋伏。

和班超预测的一样，月氏副王谢派亲随带金银珠宝去龟兹国求援，结果半路上就被班超派出的伏兵截杀。

月氏副王谢知道自己已经无路可走，只好派遣使者向班超请罪，表示不再与汉军作对，希望班超能够放他们一条生路。

班超召集将领商议对策，有人建议趁月氏大军衰微之际，集中兵力将他们一网打尽。班超仔细斟酌之后，认为逼得月氏大军太急，反而会导致鱼死网破，己方的伤亡也会增加，不如放他们一条生路，让他们回去也知道大汉天威。

于是，班超最终力排众议，命令下属给月氏大军让出了一个口子，月氏副王谢率军突围后回国。

月氏副王谢劳而无功，回国后自然不敢杀自己的威风，于是把班超的神勇果敢添油加醋地描述了一番，月氏王大为震惊，觉得不可与大汉作对，立即派人与东汉朝廷重修旧好，每年按时进贡。

东汉永元三年（公元 91 年），龟兹、姑墨、温宿等国慑于班超的威名，全部主动投降。

班超把西域的战果及时向朝廷汇报，汉和帝大悦，下诏任命班超为西域都护，徐干为长史，同时拜之前留在京师为质的龟兹王子白霸为新任龟兹王，派司马姚光护送白霸回国即位。

姚光到达西域后，与班超共同胁迫龟兹人，要求他们废掉原来的国王尤里多，扶立白霸为王。

龟兹王尤里多无可奈何，只好宣布退位，随后被姚光带回京师洛阳复命。

之后，班超选择率领一部分军队驻扎在龟兹国它乾城，留徐干继续在疏勒驻军。

此时，除了焉耆、危须、尉犁三国，因之前杀害过前西域都护陈睦，心怀恐惧不敢归降，其余西域各国都已被班超平定。

班超的下一个目标，就是要拿下这三个国家。

第二节　连环计定三国，西域归汉万里封侯

　　非汝所及。此人权重于王，今未入其国而杀之，遂令自疑，设备守险，岂得到其城下哉！

——班超

　　不动中国，不烦戎士，得远夷之和，同异俗之心，而致天诛，蠲宿耻，以报将士之仇。

——汉和帝刘肇

　　班超深知，焉耆、危须、尉犁三国虽然都不大，但如果强攻任何一国，必然导致它们抱团顽抗，彻底平定西域、为前西域都护陈睦报仇就会变成一场旷日持久的战争，这显然是不明智的。

　　"还是得智取，快刀斩乱麻！"班超在心底对自己说。

　　东汉永元六年（公元 94 年）秋天，班超调发龟兹、鄯善等

八国的军队共七万多人，再加上官吏商人等一千四百多人，宣布进攻焉耆国。

班超大军来到尉犁国的边境时，班超派出使者，通告焉耆、尉犁、危须三国国王："都护来者，欲镇抚三国。即欲改过向善，宜遣大人来迎，当赏赐王侯以，事毕即还。今赐王彩五百匹。"

班超重兵在前，然后放一个烟雾弹给三国，说我们只是过来看看，想要和你们一起做朋友，如果你们愿意改过从善，就应该派首领亲自来迎接，我们会对王侯以下的人进行重赏，事情结束后就会班师。今天就会赏赐各位国王彩帛五百匹。

焉耆王广觉得硬斗肯定是死路一条，决定按班超说的去做，但他又不敢亲自去见班超，便派左将北鞬支带着牛、酒等食物，迎接班超大军。

班超一看来的人不是焉耆王广，只是焉耆左将北鞬支，便厉声指责他说："汝虽匈奴侍子，而今秉国之权。都护自来，王不以时迎，皆汝罪也。"

班超把北鞬支骂了个狗血淋头，说你虽然是匈奴侍子，可你现在掌握了国家大权，我西域都护亲自来到，你们国王却不按时欢迎，这都是你的罪过。北鞬支支支吾吾，百口莫辩。

随后，班超命北鞬支到别馆休息，自己在大营里踱步，思考下一步的对策。

班超手下的人劝他杀了北鞬支，班超不同意，他说："非汝所及。此人权重于王，今未入其国而杀之，遂令自疑，设备守险，岂得到其城下哉！"

班超不同意杀北鞬支，他认为北鞬支是焉耆国的重臣，权力比焉耆王广还要大，现在大军还没有进入焉耆国的国境，如果杀了北鞬支，会使焉耆国上下产生疑惧，如果他们加强防备，守住险要，进攻焉耆国的困难就会增加很多。所以只能稳住北鞬支，让焉耆王广放松戒备，才有可能趁乱攻占焉耆国。

于是，班超赏给北鞬支不少礼物，就放他回国了。

焉耆王广见北鞬支安然无恙，又听北鞬支说班超只是想要他去见面会谈，就带着其他头领在尉犁国边境迎接班超大军，并带着珍贵的礼物献给班超。

班超很高兴地跟焉耆王广一行人举行宴会，和他们热烈地谈论了很久，结束后送了他们很多礼物，安排他们回国。

焉耆王广并不想让班超大军进入焉耆国境内，他仗着焉耆国有苇桥天险，一从班超大营返回国内，便立即下令拆掉了国境山口的围桥，企图阻止汉军进入焉耆国内。

班超已经预料到这一点，率领军队走了另外一条小路，涉过膝的深水过河，顺利进入焉耆国境内，并在距焉耆王城二十里的地方驻扎下来。

焉耆王广没想到班超大军会突然到来，大惊失色，跟几个亲信协商后，他准备把所有国人赶到山林中去躲藏起来，与班超大军相抗衡。

焉耆左侯元孟之前曾在东汉京师洛阳作为人质，对东汉朝廷非常向往，就悄悄派人把这件事向班超报告，请班超早作打算。

班超为了稳住焉耆贵族，立即斩杀了元孟派来的使者，以显示自己不信任元孟。

紧接着，班超定下了一个时间，声明要宴请焉耆、尉犁、危须三国国王，并表示到时候会给予他们更多的赏赐。

焉耆王广、尉犁王泛及北鞬支等三十多人，分析了之前发生的事情，认为班超值得信任，就按照约定的时间前来拜见班超。

但焉耆国相腹久等十七人害怕被杀，都偷偷逃跑了，危须王本人也没有来。

过了一会儿，宴会开始了，可众人刚刚坐好，班超突然变了脸色，责问焉耆王广："危须王何故不到？腹久等所缘逃亡？"

焉耆王广无言以对。

班超喝令埋伏在大堂四周的武士把焉耆王广、尉犁王泛等人全部捆绑起来，并把他们全部带到当年陈睦所驻的故城斩杀，然后将首级送往京师。

随后，班超又命令全军出动，对群龙无首的三国迅速出击，一共斩杀五千多人，俘获一万五千人，缴获马、牛、羊等牲畜三十多万头。

另外，班超还改立元孟为焉耆王，为稳定局势，班超大军在焉耆国驻扎了半年，以安抚当地的国人。

至此，西域五十多个国家，纷纷送人质到京师洛阳，表示归服东汉王朝，班超也终于实现了立功异域的理想。

东汉永元七年（公元 95 年），汉和帝下诏表彰班超的功勋，诏书中写道："往者匈奴独擅西域，寇盗河西，永平之末，城门昼闭。先帝深愍边民婴罗寇害，乃命将帅击右地，破白山，临蒲类，取车师，城郭诸国震慑响应，遂开西域，置都护。而焉者王舜、舜子忠独谋悖逆，恃其险隘，覆没都护，并及吏士。先帝重元元之命，惮兵役之兴，故使军司马班超安集于阗以西。超遂逾葱领（岭），迄县度，出入二十二年，莫不宾从。改立其王，而绥其人。不动中国，不烦戎士，得远'夷'之和，同异俗之心，而致天诛，蠲宿耻，以报将士之仇。《司马法》曰：'赏不逾月，欲人速睹为善之利也。'其封超为定远侯，邑千户。"

汉和帝回顾了以前匈奴独霸西域、东汉边境鸡犬不宁的往事，充分肯定了班超二十二年来，在西域披荆斩棘、艰难开拓的努力，封他为定远侯，食邑千户，因此，班超也被后人称为"班定远"。

东汉永元九年（公元 97 年），班超派副手甘英出使大秦（罗马帝国），甘英行至西海（波斯湾）后折返。

班超立功异域、万里封侯的宏愿已经达成，年纪大了，他也有点想家了。

第三节　思归上书求代，班昭为兄上书求情

臣超犬马齿歼，常恐年衰，奄忽僵仆，孤魂弃捐。

——班超

妾诚伤超以壮年竭忠孝于沙漠，疲老则便捐死于旷野，诚可哀怜。

——班昭

西域已经平定，边患得到解除，但班超却越来越睡不好觉了。

班超回想起自己从一个渴望建功立业的大好青年，到功成名就后的位高爵显，他觉得这一生没有白过。

可现在年龄一天天增长，班超感觉自己一直在偏远的异国他乡太孤单，和所有旅居海外的老年人一样，他开始强烈地思念故国。

东汉永元十二年（公元 100 年），班超经过深思熟虑后，给汉和帝写了一份奏疏：

> 臣闻太公封齐，五世葬周，狐死首丘，代马依风。夫周齐同在中土千里之间，况于远处绝域，小臣能无依风首丘之思哉？"蛮夷"之俗，畏壮侮老。臣超犬马齿歼，常恐年衰，奄忽僵仆，孤魂弃捐。昔苏武留匈奴中尚十九年，今臣幸得奉节带金银护西域，如自以寿终屯部，诚无所恨，然恐后世或名臣为没西域。臣不敢望到酒泉郡，但愿生入玉门关。臣老病衰困，冒死瞽言，谨遣子勇随献物入塞。及臣生在，令勇目见中土。

在奏疏中，69 岁的班超道出了自己心底的悲凉：古代的贤人姜太公，封于齐国而归葬于周，周和齐相距不过千里，狐死首丘，代马依风，老臣身在万里之外的绝域，更是归乡心切。西域这边的风俗就是害怕青壮年，怠慢年老的，如今年老体衰，即使想要竭尽全力报国，早已力不从心。如有突发事件，如果自己无法排除，很可能会变成孤魂野鬼。以前苏武滞留匈奴只不过十九年，老臣现在持符节、捧印玺监护西域，恐怕是要死在这个地方了。老臣希望能够活着的时候进入玉门关。最后，班超还提到自己的小儿子班勇，从小生活在西域，想要在有生之年，让班勇带着进贡的物品入塞，回中原看看。

汉和帝看过班超的奏疏后，很同情他的遭遇，但在召集群臣商议时，很多大臣认为西域的稳定需要班超，现在还没有合适的人选去接替他，为了边境安全，需要班超继续坚持一段时间。汉和帝认为很有道理，就没有理会班超回国的请求。

东汉永元十四年（公元 102 年），班超的妹妹班昭得知二哥想要回国，却在请求奏疏送达三年后仍没有任何回应，就写了一份奏疏，替班超向汉和帝求情：

> 妾同产兄西域都护定远侯超，幸得以微功特蒙重赏，爵列通侯，位二千石。天恩殊绝，诚非小臣所当被蒙。超之始出，志捐躯命，冀立微功，以自陈效。会陈睦之变，道路隔绝，超以一身转侧绝域，晓譬诸国，因其兵众，每

有攻战，辄为先登，身被金夷，不避死亡。赖蒙陛下神灵，且得延命沙漠，至今积三十年。骨肉生离，不复相识。所与相随时人士众，皆已物故。超年最长，今且七十。衰老被病，头发无黑，两手不仁，耳目不聪明，扶杖乃能行。虽欲竭尽其力，以报塞天恩，迫于岁暮，犬马齿索。……而超旦暮入地，久不见代，恐开奸宄之源，生逆乱之心。而卿大夫咸怀一切，莫肯远虑。如有卒暴，超之气力不能从心，便为上损国家累世之功，下弃忠臣竭力之用，诚可痛也。故超万里归诚，自陈苦急，延颈逾望，三年于今，未蒙省录。

妾窃闻古者十五受兵，六十还之，亦有休息不任职也。缘陛下以至孝理天下，得万国之欢心，不遣小国之臣，况超得备侯伯之位，故敢触死为超求哀，丐超余年。一得生还，复见阙庭，使国永无劳远之虑，西域无仓促之忧，超得长蒙文王葬骨之恩，子方哀老之惠。《诗》云："民亦劳止，汔可小康，惠此中国，以绥四方。"超有书与妾生诀，恐不复相见。妾诚伤超以壮年竭忠孝于沙漠，疲老则便捐

死于旷野，诚可哀怜。如不蒙救护，超后有一旦之变，冀
幸超家得蒙赵母、卫姬先请之贷。妾愚戆不知大义，触犯
忌讳。

　　班昭在奏疏中，对二哥班超的西域征途进行了分析，她认
为班超当年出使西域，确实是一腔热血报效国家，在前任西域
都护陈睦被杀后，西域形势急转直下，班超孤身率领一支弱小
的队伍，在西域各国之间周旋，利用各国的兵力征战四方，每
次都是亲上火线，身受重伤也在所不惜，最终积累了一点微小
的功勋，被封为西域都护、定远侯这样的高位。如今他在西域
已经三十多年，我们兄妹长久分离，再见面都不一定认识了。
之前和班超一起出使西域的人，都已经不在人世了，班超现在
将近七十岁了，年老体衰多病，就算他还想尽忠报国，身体也
不允许了啊。班超随时都有可能去世，如果一直没有人去接替
他，一旦有坏人伺机而动，开始反抗朝廷，班超如果不能平息，
那么上会毁灭国家累世的功勋，下会废弃忠臣所做的一切努力，
这是谁都不愿意看到的可悲之事。班超很想回国，他在盼望着

那一天，到现在已经三年了，皇上还没有给他任何回复。班昭以古代服役六十岁免役为由头，又说汉和帝以至孝来治理天下，希望能够让班超回国安度晚年，这样西域有了新的都护，也就没有了暴发动乱的危机，班超也会感激陛下像周文王那样赐予归葬骸骨的恩德。班超给自己写有诀别的书信，很担心再也见不到他了。班昭还向汉和帝提出，如果班超因西域形势发生变故，希望班超一家能因事先上奏而免于受到牵连。班昭从方方面面分析了把班超继续留在西域可能出现的种种问题，请求汉和帝能让班超回国。

汉和帝看了班昭的奏疏后，非常感动，于是下诏令班超回朝。

此时，班超已经在西域整整奋斗了三十一年，收到汉和帝的诏令后，他泣不成声道："我要回家啦！"

第四节 临终交接倾吐肺腑，回洛一月身亡

宜荡佚简易，宽小过，总大纲而已。

——班超

超素有胸胁疾，既至，病遂加。

——《后汉书·卷四十七·班梁列传第三十七》

东汉永元十四年（公元 102 年），汉和帝召班超回国的时候，同时派戊己校尉任尚接任西域都护，两个人在办理交接业务的时候，任尚对班超恭恭敬敬地施了一个大礼，然后说道："君侯在外国三十余年，而小人猥承君后，任重虑浅，宜有以诲之。"

任尚在西域任职的经验不多，他觉得班超在西域经营三十多年，肯定有很多治理当地的措施，想让班超给他传授一些经验。

班超抬起头，仔细看了看这位正当年的继任者，说了这么一番话："年老失智，任君数当大位，岂班超所能及哉！必不得已，愿进愚言。塞外吏士，本非孝子顺孙，皆以罪过徙补边屯。而'蛮夷'怀鸟兽之心，难养易败。今君性严急，水清无大鱼，察政不得下和。宜荡佚简易，宽小过，总大纲而已。"

班超对任尚算是交底了，他认为出征在外的官吏士卒，都不是善茬，因为有罪过才被迁徙到边疆补充兵员，而西域各国并不是真心归附东汉朝廷，一个不留神就有可能背叛。班超觉得任尚秉性严厉又有些急躁，如果管得太紧反而会让下面的部属和西域各国首领起疑。最后，班超建议任尚宽容冷静，抓大放小，把重要的环节紧紧抓住就可以。

任尚只是笑了笑，两人继续寒暄几句，班超见任尚已经了无兴趣，很快便起身告辞了。

班超走后，任尚私下对他的亲信说："我以班君当有奇策，今所言平平耳。"

换句话说，任尚根本没有把班超的忠告放在眼里，反而认为班超根本就没有什么好办法，不过尔尔。

同年八月，班超终于回到京师洛阳，汉和帝召见了他，并任命他为射声校尉。

然而，班超的胸胁本来就不舒服，再加上一路上舟车劳顿，没过几天便病情加剧，卧床不起。

班昭在二哥班超回国后，就赶到班府去看望他，兄妹俩感慨万千，谈起儿时的趣事，两人笑个不停。

如今班超卧病不起，班昭来得更勤快了，但心里的担忧更大了，班超尽量支撑着病躯勉强交流，两个人都有不祥的预感。

汉和帝听说班超生病了，特意派遣中黄门到班府慰问，还赐给他宫中名贵的医药。

可这个时候，班超的身体已经回天乏术，看着繁华的洛阳城，他也知足了。

同年九月的一天，班昭又来到了班府，班超已经说不出话来，唯有老泪纵横。

班昭也没敢多说什么，她静静地陪着二哥，直到他去世的那一刻。这一年，班超七十一岁。

汉和帝非常同情班超的遭遇，派出使者专门吊唁致祭，并给了他的遗属极为优厚的赏赐。

班超的一生，可谓传奇：他从一个小小的抄书匠，到带着几十个人就闯荡西域，以非凡的政治智慧和军事才能，在西域经营三十一年，使一盘散沙的西域各国不再反叛，都归顺了东汉王朝，有力地维护了东汉王朝的边境安全，也实现了自己万里封侯的心愿。

凭着这份胆略和报国的耿耿忠心，班超可以说是一代名将！

可在班昭的眼里，她的大哥、二哥先后故去，兄妹三人就只剩她一个人了。

虽然悲伤到不能自已，但班昭明白自己必须坚强地活下去，因为班家的未竟事业，还需要她来最后完成。

第十二章

班昭：多面的女强人

代兄续史，和帝尊称
"大家"

太后临朝任事，儿子
沾光封侯拜相

巧言直谏，国舅得以免祸
归乡

随子到长垣，古稀而逝太
后素服

第一节　代兄续史，和帝尊称"大家"

兄固著《汉书》，其八表及《天文志》未及竟而卒，和帝诏昭就东观藏（藏）书阁踵而成之。

——《后汉书·卷八十四·列女传第七十四》

怀有德而归义，故翔万里而来游。集帝庭而止息，乐和气而优游。

——班昭《大雀赋》

东汉永元十四年（公元 102 年），班超去世后，班昭成了班氏兄妹中唯一在世的人，为了忘记悲伤，她把更多的时间沉浸在东观藏书阁，希望通过整理父兄的遗稿，来回忆那段温馨的往事。

而由班昭来整理班氏家族的遗稿，还得从班固之死说起。

东汉永元四年（公元 92 年），六十一岁的班固在汉和帝清除窦氏余党时，被洛阳令种兢借机下狱，最终折磨而死。

虽然汉和帝对国舅窦宪一族的专权谋逆之举非常痛恨，也严惩了他们的追随者，但班固的死却在他意料之外。

汉和帝认为，一是班固作为名满天下的大学问家，一心忠于汉室，只是希望跟随窦宪建功立业，并没有参与窦宪等人的谋逆；二是班固一生最重要的成就，是完成了符合两汉统治需要的巨著《汉书》，可在班固冤屈而死后，《汉书》还有"八表"及《天文志》没有完成。

那么，《汉书》的剩余部分该怎么办呢？更何况，《汉书》遗稿的整理也是一项大工程。

汉和帝首先想到了班固的弟弟班超，但当时班超远在万里之外的西域，而且不喜笔墨，显然不能继续完成《汉书》的写作。

思来想去，汉和帝把目光对准了班固的小妹班昭，下诏命班昭到东观藏书阁，在哥哥班固的基础上，将《汉书》续写完成。

事实证明，汉和帝的眼光非常精准，班昭正是续写《汉书》的最佳人选。

原来，班昭从小就受到父亲班彪的疼爱，经常跟在父亲后面，而班彪也是当时很有名的学者，并且已经写出了《史记后传》，开始了《汉书》的奠基工作。

班彪去世后，班昭又由长兄班固抚养，班固正是《汉书》的撰稿人。

班固开始专心撰写《汉书》时，博学多才的小妹班昭就成了他的最佳助手，也接触到了很多《汉书》的资料。

班昭长大后，嫁给了同郡人曹世叔，夫妻俩都很喜欢读书，生活中的吟诗作赋，成了他们的小小乐趣。

然而，快乐的时光对班昭来说却是短暂的，曹世叔英年早逝，只留下班昭和儿子曹成相依为命。

班昭没有选择改嫁，而是一边严格遵守清规戒律，举止言行都合乎礼仪，一边含辛茹苦地拉扯着儿子曹成。

班固在世时，对守寡的小妹班昭很心疼，总是大力接济，而班昭也由此再次接触到了仍在创作中的《汉书》。

因此，班固猝然去世后，班昭自然也就成了《汉书》最合适的解读者和续写者。

不过，班昭当时面对的是大哥班固留下的一堆零散不堪的文稿，她没有退缩，决心继承父兄遗志，在东观藏书阁孜孜不倦地阅读了大量史籍，整理、核校父兄遗留下来的散乱篇章，并在原稿的基础上补写了八表：《异姓诸侯王表》《诸侯王表》《高惠高后文功臣表》《景武昭宣元成功臣表》《外戚恩泽侯表》《百官公卿表》《古今人表》等。

汉和帝还派班昭的同郡人马融，跟随班昭在东观藏书阁学习《汉书》。

后来，汉和帝又下诏命马融的哥哥马续，接替班昭补成"七表"及《天文志》，完成了《汉书》。

汉和帝非常欣赏班昭的气节和才华，多次召她入宫，并让皇后和贵人们以老师的礼节对待她，尊称班昭为"大家"。

由于班昭的丈夫是曹世叔，后世也称班昭为"曹大家"。

每逢各地贡献珍贵稀奇的物品时，汉和帝就会下诏，命班昭作赋颂扬助兴。

有一次，班昭的二哥定远侯、西域都护班超进献了一只大雀，班昭应汉和帝的诏令，作了一首《大雀赋》：

嘉大雀之所集，生昆仑之灵丘。

同小名而大异，乃凤皇之匹畴。

怀有德而归义，故翔万里而来游。

集帝庭而止息，乐和气而优游。

上下协而相亲，听《雅》《颂》之雍雍。

自东西与南北，咸思服而来同。

在《大雀赋》中，班昭不仅详细描述了大雀的方方面面，还由此上升到东汉王朝的强盛，以至万邦来贺，令汉和帝大为称赞。

如今，大雀还被圈养在皇宫别苑，二哥班超却已经悄然去世了，班昭内心的悲苦无法言说。

三年后，东汉朝廷又发生了一次大的变故，班昭也由此开始了完全不同于前半生的生活。

第二节　太后临朝任事，儿子沾光封侯拜相

以出入之勤，特封子成关内侯，官至齐相。

——《后汉书·卷八十四·列女传第七十四》

班昭原本打算就在书斋中度过后半生，但命运的安排却转了向。

东汉元兴元年（公元 105 年）十二月，年仅二十七岁的汉和帝刘肇病死于章德前殿后，一场皇位之争开始上演。

原来，汉和帝在世的时候，生了十几位皇子，但大多夭折，只有长子刘胜和幼子刘隆幸存。

汉和帝怀疑是宦官集团或者是外戚势力在谋害他的儿子，便将幸存的两位皇子留在民间抚养。

汉和帝去世后，刘胜作为他的长子，原本是皇位的当然人选，但汉和帝的皇后邓绥认为刘胜从小患有无法治愈的怪病，

不适合做皇帝，于是便拥立汉和帝的幼子刘隆登基，是为汉殇帝，改年号为延平，封刘胜为平原王，邓皇后随即晋升为皇太后。

然而，汉殇帝刘隆当时刚刚过完百天，还是一个襁褓中的婴儿，所以就由邓太后临朝听政。

邓太后之前就对班昭有良好的印象，这次临朝听政后，她特许班昭参与政事。

邓太后是一位雷厉风行的执政者，她先把哥哥虎贲中郎将邓骘提升为车骑将军、仪同三司，紧接着又出台了一系列治国举措，班昭积极配合邓太后的一切工作，认真完成每一件交办给她的事情。

东汉延平元年（公元106年）八月，年仅一岁的汉殇帝夭折，这时距离他当上皇帝才过去二百多天。

也因此，汉殇帝成为我国历史上继位年龄最小、寿命最短的皇帝。

汉殇帝去世后，皇位再次空缺，平原王刘胜作为汉和帝在世的唯一皇子和汉殇帝的唯一兄弟，似乎成了皇位的必然人选。

可邓太后还是不愿意立刘胜为帝，她与哥哥车骑将军、仪同三司邓骘密谋后，决定迎立汉和帝的侄子、清河孝王刘庆的儿子刘祜为帝。

这一年，刘祜刚满十三岁，是为汉安帝，改第二年年号为"永初"。

汉安帝刘祜登基后，邓太后再次临朝听政，班昭仍然是邓太后的心腹。

这时，西域传来了非常不好的消息。

就在这一年的九月，由于不堪忍受西域都护任尚的严苛管制，西域多国背叛东汉朝廷，集结重兵攻打西域都护的驻地，任尚平时对部下也管得很多，不少人心存怨怼，还没开打就有人趁机开溜，任尚抵挡不过，紧急上书朝廷求救。

恰好当时刚刚上任西域副校尉的梁慬到达河西，东汉朝廷便命令他率领敦煌、武威、酒泉、张掖等河西四郡的羌、胡骑兵五千多人，急速前往疏勒救援任尚。

西域反叛诸国见东汉援军到达，担心久战吃亏，抢掠一番后就各自回国了。

不过，这次战争东汉在西域的驻军损失惨重，所以解围之后，东汉朝廷认为任尚有罪，将他免官召回，另派骑都尉段禧接任西域都护。

在回京师洛阳的路上，心灰意懒的任尚回想起了四年前，他刚刚上任西域都护的时候，班超对他的谆谆告诫，后悔不已："早听定远侯之言，何以至有今日啊！"

由于羌各部落的反叛不断，任尚没有为这次惨痛的教训付出太多学费，在家赋闲大半年后，邓太后再次起用任尚为征西校尉，命他率军前去镇压羌人之乱。

西域的乱局让邓太后很忧心，但她对班昭非常满意，认为班昭能够很好地领会她的意图，完成她交办的所有事务。

为了表彰班昭的辛苦付出，邓太后破格加封她的儿子曹成为关内侯，官至齐国国相。

班昭特别感激邓太后的厚恩，她决心继续留在朝廷做事。

第三节　巧言直谏，国舅得以免祸归乡

> 昔夷、齐去国，天下服其廉高；太伯违邠，孔子称为
> 三让。
>
> ——班昭
>
> 太后从而许之。于是骘等各还里第焉。
>
> ——《后汉书·卷八十四·列女传第七十四》

邓太后是东汉著名的女政治家，她先后两次临朝听政，主要倚重的就是以哥哥车骑将军、仪同三司邓骘为首的邓氏家族，但邓骘却为此深感不安。

汉和帝驾崩后，邓太后为了稳定宫内外局面，让邓骘兄弟常常居住在宫中，邓骘多次请求回府，但并没有得到回复。

直到一年多后，汉安帝刘祜上台后的形势比较稳固，邓太后才同意邓骘兄弟出宫回府。

东汉永初元年（公元107年），邓骘被封为上蔡侯，食邑一万户。又因为迎立汉安帝的功劳，增加食邑三千户。

邓骘坚决辞让不接受，逃避册封，邓太后不听从，后来在邓骘频繁上书后，才同意了他的推辞。

同年六月，因西域叛乱导致通往中原的道路被堵塞，汉安帝召集廷议，认为"西域阻远，数有背叛，吏士屯田。其费无已"，决定撤销西域都护府，任命班超的长子定远侯班雄和小儿子班勇为军司马，从敦煌出兵，将西域都护段禧等人和之前驻守西域的军队接回东汉本土。

同年夏天，凉州的羌人发动叛乱，邓太后下诏命邓骘率左右羽林军、北军五校的部队及各郡军队共五万多人讨伐。

东汉永初二年（公元108年），邓骘率军屯驻在汉阳郡，钟羌部落数千人在冀县以西击败邓骘军，斩杀了一千多人。

同年冬天，邓骘派征西校尉任尚、车骑将军从事中郎司马钧率领各郡郡兵，在平襄同滇零率领的数万羌军交战，结果二人大败，八千多人战死。

汉军连遭失败，羌军声势大振，东汉朝廷无法控制，湟中地区各县的百姓陷入水深火热之中。

同年十一月，邓太后命邓骘回师，留下乐亭侯、征西校尉任尚驻扎汉阳郡，负责各军的调度。

邓太后派使者迎接邓骘，任命他为大将军。邓骘到达京师洛阳以后，邓太后又派大鸿胪亲自出迎，中常侍前往慰劳，侯王、公主以下的群臣就在路旁等候，他所得到的恩宠震动京城内外。

邓骘对此非常担忧，认为他的地位太高可能会给邓氏家族引来灾难，时刻寻求机会准备隐退。

永初四年（公元 110 年）十月，邓骘的母亲新野君去世，邓骘兄弟连续上奏，请求辞官为母亲服丧，邓太后不打算批准，并就此询问班昭的意见。

班昭对邓骘兄弟的担忧也早有耳闻，她思虑片刻，给邓太后上了一份奏疏：

伏惟皇太后陛下，躬盛德之美，隆唐、虞之政，辟四门而开四聪，采狂夫之瞽言，纳刍荛之谋虑。妾昭得以愚朽，身当盛明，敢不披露肝胆，以效万一！妾闻谦让之风，德莫大焉，故典坟述美，神祇降福。昔夷、齐去国，天下服其廉高；太伯违邠，孔子称为三让。所以光昭令德，扬名于后世者也。《论语》曰："能以礼让为国，于从政乎何有！"由是言之，推让之诚，其致远矣。今四舅深执忠孝，引身自退，而以方垂未静，拒而不许；如后有毫毛加于今日，诚恐推让之名不可再得。缘见逮及，故敢昧死竭其愚情。自知言不足采，以示虫蚁之赤心。

在奏疏中，班昭首先把邓太后夸了个遍，说她品行完美，力行仁政，接着又谈到"谦让"这一美德，指出伯夷、叔齐兄弟让国，太伯让位给弟弟等事例，都是受到天下敬仰的，进而点明邓骘兄弟主动辞官归隐，也正是迎合了"谦让"之名，如果邓太后现在以边关不宁为由强行留下他们，反而会让他们的名声受损。

邓太后看了班昭的奏疏，认为她说得很有道理，就同意了邓骘兄弟的请求，他们得以辞官还乡。

　　班昭的努力让邓骘等人非常感激，班昭从《汉书·外戚传》中得到启示，认为她和邓氏兄弟的目标一致，都是保全邓氏家族。

　　这时，班昭的年纪也越来越大，身体大不如前，开始为自己家族的事务考虑。

第四节　随子到长垣，古稀而逝太后素服

唯令德为不朽兮，身既殁而名存。惟经典之所美兮，贵道德与任贤。

——班昭《东征赋》

昭年七十余卒，皇太后素服举哀，使者监护丧事。

——《后汉书·卷八十四·列女传第七十四》

班昭年纪大了，身体越来越差，不仅记忆力减退，眼睛也不太能看清东西，于是，她向邓太后请求告退后，在家由儿子曹成负责赡养。

东汉永初七年（公元 113 年）正月，班昭的儿子曹成出任长垣长（今河南长垣县），班昭跟着儿子到长垣就任。

在前往长垣的路上，班昭触景生情，想起当年随父亲班彪去异地上任路上的种种见闻，便仿班彪的《北征赋》，写成了一

篇《东征赋》：

　　惟永初之有七兮，余随子乎东征。时孟春之吉日兮，撰良辰而将行。乃举趾而升舆兮，夕予宿乎偃师。遂去故而就新兮，志怊怅而怀悲！遂去故而就新兮，志怊怅而怀悲。明发曙而不寐兮，心迟迟而有违。酌樽酒以弛念兮，喟抑情而自非。谅不登巢而椓蠡兮，得不陈力而相追。且从众而就列兮，听天命之所归。樽通衢之大道兮，求捷径欲从谁。乃遂往而徂逝兮，聊游目而遨魂。历七邑而观览兮，遭巩县之多艰。望河洛之交流兮，看成皋之旋门。既免脱于峻崄兮，历荥阳而过武卷。食原武以息足，宿阳武之桑间。涉封丘而践路兮，慕京师而窃叹。

　　小人性之怀土兮，自书传而有焉。遂进道而少前兮，得平丘之北边，入匡郭而追远兮，念夫子之厄勤。彼衰乱之无道兮，乃困畏乎圣人。怅容与而久驻兮，忘日夕将昏到长垣之境界，察农野之居民。睹蒲城之丘墟兮，生荆棘之榛榛。惕觉悟而顾问兮，想子路之威神。卫人嘉其勇义兮，迄于今而称云。蘧氏在城之东南兮，民亦尚其丘坟。唯令德为不朽兮，身既殁而名存。惟经典之所美兮，贵道德与任贤。吴札称多君子兮，其言信而有征。后衰微而遭患兮，遂陵迟而不兴。知性命之在天，由力行而近仁。勉仰高而蹈景，尽忠恕而与人。好正直而不回兮，精诚通于明神。庶灵祇之鉴照兮，祐贞良而辅信。

乱曰，君子之思，必成文兮。盍各有志，慕古人兮。先君行止，则有作兮。虽其不敏，敢不法系。贵贱贫富，不可求兮。正身履道，以俟时兮。修短之运，愚智同兮。靖恭委命，唯吉凶兮。敬慎无怠，思谦约兮。清静少欲，师公绰兮。

在《东征赋》中，年迈的班昭主要表达了四层意思：

一是写自己离开京城，前往异地生活的悲伤之情，随着越来越靠近长垣，离京城也就越来越远，班昭感觉特别地身不由己。

二是写一路上长途跋涉、风餐露宿的劳苦之情，由此班昭又开始追怀上古安居乐业的生活。

三是写所经之地，过匡地同情孔子受困的厄运，过卫地赞美子路的勇义精神，过蘧乡时追怀伯玉的美德，通过缅怀先贤的衰微遭遇，来自我宽慰，聊以解忧。

四是写体察民难，从蒲城丘墟、荆棘丛生的荒凉景象，表明了东汉末年的时乱所带来的灾难，可见班昭对灾民的同情。

此外，班昭在最后表明自己的《东征赋》是效仿父亲班彪的《北征赋》而作，和班彪的《北征赋》相比，《东征赋》的感情描写更为细腻，内心的苦闷和纠结都表达得淋漓尽致。

班昭一直活到七十多岁才去世，邓太后得知消息后，身穿素服表示哀悼，并派使者办理班昭的丧事。

班昭先为大哥班固续写《汉书》，又为二哥班超求情回国，还在邓太后临朝听政期间，参与了一系列的大事件，并由此让儿子曹成也步入仕途。

班昭死后，她二哥班超的子孙走进历史，开始了班氏家族最后的起起伏伏。

第十三章
班超子孙的
悲喜人生

班勇：生于西域，力
主恢复

班雄：戎马军旅，处
惊不乱

结羽车师匈奴，巩固东汉
权威

击败车师后国报仇雪
耻，斩杀东且弥王，六
国平定

被授西域长史，西域五国
重新归附

班始：娶个公主日子难过，
怒杀公主，全家遭祸

第一节　班雄：戎马军旅，处惊不乱

会叛羌寇三辅，诏雄将五营兵屯长安，就拜京兆尹。

——《后汉书·卷四十七·班梁列传第三十七》

班雄是定远侯、西域都护班超的长子，受父亲长期戎马的影响，班雄长大后勇猛过人，很有胆略。

东汉永元十四年（公元 102 年），班超去世后，班雄作为长子，继承了父亲定远侯的爵位。

和班超一样，班雄也一直在军队任职，并因战功显赫，几经升迁后担任屯骑校尉。

东汉元初二年（公元 115 年），发动叛乱的羌人进犯三辅地区，威胁到了长安（今陕西西安）。

消息传到京师洛阳，举国震惊。

汉安帝下诏，令班雄率领五营兵驻守长安，并就此任命他为京兆尹，负责保卫长安。

随后，汉安帝又任命任尚为中郎将，率领羽林军、缇骑等三千五百多人，接替班雄驻守三辅。

东汉元初三年（公元 116 年）六月，任尚派兵在丁奚城打败先零部落。

同年十二月，任尚又派代理司马率领精兵，进攻在北地的零昌，斩杀七百多人，获得牛、马、羊等牲畜两万多头，烧毁了他们的帐篷村落。

东汉元初四年（公元 117 年）正月，任尚派遣羌当阗部落的榆鬼等五人刺杀了叛军首领杜季贡。

同年九月，任尚又收买羌效功部落的号封，刺杀了羌反叛首领零昌。

同年十二月，任尚率领各郡的部队，与骑都尉马贤一同进兵北地，攻打先零部落首领狼莫，双方相持六十多天，在富平县黄河之畔交战，最终大败狼莫，斩杀敌人五千人，使得被羌人掳掠去的一千多人得以归还，获得十多万头牛、马、驴、羊、骆驼等牲畜，西河郡的羌人虔人部落一千人前往度辽将军邓遵处投降，陇右地区平定。

东汉元初五年（公元 118 年），度辽将军邓遵收买上郡羌全无部落的雕何，刺杀了反叛首领狼莫。为患东汉十多年的羌人之乱终于平定，羌各部落瓦解。

战争结束后，因邓遵是邓太后的堂弟，朝廷将邓遵封为武阳侯，食邑三千户。任尚与邓遵争功劳，而且虚报战功、接受贿赂，违背律法，被朝廷用囚车征召到京师洛阳，在闹市斩首，暴尸街头，财产都被没收。

班雄在平羌战争期间，一直配合任尚、邓遵等人的战事，但他从不计较个人的得失，从而平平安安地度过了这场危机，得以善终。

羌人之乱虽然被平定，但一年后西域再次出现问题，这回出马的解铃人，是班雄的弟弟、班超的小儿子班勇。

第二节　班勇：生于西域，力主恢复

　　若州牧能保盗贼不起者，臣亦愿以要斩保匈奴之不为边

害也。

——班勇

　　于是从勇议，复敦煌郡营兵三百人，置西域副校尉居

敦煌。

——《后汉书·卷四十七·班梁列传第三十七》

　　自东汉永初元年（公元 107 年），东汉朝廷撤销西域都护府

以来，西域重新陷入纷乱的境地，十多年来都没有东汉的官吏

涉足。

　　东汉元初六年（公元 119 年），时任敦煌太守的曹宗，派长

史索班率领一千多人驻扎在伊吾，车师前王和鄯善王都来投降

索班。

　　可是，仅仅几个月后，情况就发生了逆转。北匈奴与车师

后国联合起来，共同出兵攻打伊吾，杀害了索班，并将他的部属全部消灭。

随后，北匈奴与车师后国联军又打败了车师前国军队，占领了西域北道。

鄯善国的情况危急，鄯善王赶忙派使者向曹宗求救，曹宗因此请求东汉朝廷出兵五千人攻打北匈奴，替索班报仇雪耻，并借此机会再次收复西域。

接到曹宗的紧急奏报后，邓太后召集大臣们在朝堂议事，并特意点明要求班勇出席这次会议。

邓太后为什么要钦点班勇来商议西域的问题呢？

原来，班勇是定远侯、西域都护班超的小儿子，出生于疏勒国，他的母亲疏勒夫人为疏勒国王室成员。

班勇从小到大都在西域生活，跟随父亲行走于西域各国，因此不仅掌握了汉语，还学会了西域很多国家的语言。

长大后，班勇不仅很像父亲班超，举手投足之间，也很有班超的风范。

和父兄不同，更难能可贵的是，班勇在周游西域各国时，还把自己看到和听到的一些见闻记录下来，积累了很多关于西域的文字。

直到东汉永元十四年（公元 102 年），班超告老还乡，班勇才跟着父亲一起回到京师洛阳。

正是因为班勇身上这么多的西域属性，邓太后叫他来可谓是明智之举。

刚开始，很多大臣都主张关闭玉门关，这样可以把北匈奴与西域叛乱国家对东汉的影响，降到最低，但也意味着就此放弃了西域。

邓太后的内心是主张收复西域的，她听不得这些要求汉军退却的声音，便把目光投给了班勇。

班勇向前施了一礼，然后开始了自己的分析："昔孝武皇帝患匈奴强盛，兼总百蛮，以逼障塞。于是开通西域，离其党与，论者以为夺匈奴府藏，断其右臂。遭王莽篡盗，征求无厌，胡'夷'……遂以背叛。光武中兴，未遑外事，故匈奴负强，驱率诸国。及至永平，再攻敦煌，河西诸郡，城门昼闭。孝明皇帝深惟庙策，乃命虎臣，出征西域，故匈奴远遁，边境得安。及至永元，莫不内属。会间者羌乱，西域复绝，北虏遂遣责诸国，备其逋租，高其价值，严以期会。鄯善、车师皆怀愤怨，思乐事汉，其路无从。前所以时有叛者，皆由牧养失宜，还为其害故也。今曹宗徒耻于前负，欲报雪匈奴，而不寻出兵故事，未度当时之宜也。夫要功荒外，万无一成，若兵连祸结，悔无及已。况今府藏未充，师无后继，是示弱于远‘夷’，暴短于海内，臣愚以为不可许也。旧敦煌郡有营兵三百人，今宜复之，复置护西域副校尉，居于敦煌，如永元故事。又宜遣西域长史将五百人屯楼兰，西当焉耆、龟兹径路，南强鄯善、于阗心胆，北扞匈奴，东近敦煌。如此诚便。”

班勇从汉武帝、王莽、汉光武帝、汉明帝等历代帝王对西域的态度进行分析，认为汉武帝开通西域，打击了匈奴的气焰；王莽建立新朝后，向西域各国索取太多，导致他们纷纷背叛；汉光武帝中兴后，忙于平定各地割据势力和稳固局势，所以匈奴趁机重新占领了西域；汉明帝时期，因北匈奴和混乱的西域各国经常袭扰边境，于是重新出征西域，打击匈奴，西域各国陆续归附东汉朝廷，北匈奴单于也被打跑；后来羌人作乱时，西域再次断绝往来，北匈奴又介入西域事务，鄯善、车师等国不满北匈奴的政策，想亲近东汉朝廷，但根本就没有联络的办法。但班勇也认为出兵风险太大，而且目前府库空虚、军队调度不便，也不能直接进攻北匈奴与西域叛乱国家。最后，班勇主张恢复敦煌郡的驻军，并重新设置护西域副校尉，驻守在敦煌，再派西域长史统率五百人驻守在楼兰，西边挡住焉耆、龟兹等国，南边给鄯善、于阗等国壮壮胆子，北面抵御匈奴，东边连接敦煌，这样局面会好控制一些。

大臣们一听，班勇与他们意见相悖，于是纷纷向他发难。

尚书第一个站出来，"今立副校尉，何以为便？又置长史屯楼兰，利害云何？"

尚书话里的问题很是直接：现在设立西域副校尉，让哪个不要命的去当？西域长史驻守在楼兰，对我大汉又有什么好处？

班勇不急不缓，从容答道："昔永平之末，始通西域，初遣中郎将居敦煌，后置副校尉于车师，既为胡虏节度，又禁汉人不得有所侵扰。故外'夷'归心，匈奴畏威。今鄯善王尤还，汉人外孙，若匈奴得志，则尤还必死。此等虽同鸟兽，亦知避害。若出屯楼兰，足以招附其心，愚以为便。"

班勇没有正面接招，而是拿事实说话，毕竟他也是当事人：当年我们大汉刚刚开通西域时，由于在敦煌、车师设置了官署，西域各国都心甘情愿地归附，北匈奴也害怕我们的威势。现在鄯善王尤还是汉人的外孙，如果匈奴得志，尤还首当其冲，非死不可。如果我们出兵驻守在楼兰，他们应该会来归附。

长乐卫尉镡显、廷尉綦母参、司隶校尉崔据接着向班勇发难："朝廷前所以弃西域者，以其无益于中国而费难供也。今车师已属匈奴，鄯善不可保信，一旦反复，班将能保北虏不为边害乎？"

这三位也摆了事实：之前朝廷抛弃西域，是因为西域对我们既没有好处，而且经费也难以供给。现在车师已经归了匈奴，鄯善也不可靠，一旦出现反复，你能担保北匈奴不成为边疆的后患吗？

班勇斩钉截铁地说道："今中国置州牧者，以禁郡县奸猾盗贼也。若州牧能保盗贼不起者，臣亦愿以要斩保匈奴之不为边害也。今通西域则虏势必弱，虏势弱则为患微矣。孰与归其府藏，续其断臂哉！今置校尉以扞抚西域，设长史以招怀诸国，若弃而不立，则西域望绝。望绝之后，屈就北虏，缘边之郡将受困害，恐河西城门必复有昼闭之儆矣。今不廓开朝廷之德，而拘屯戍之费，若北虏遂炽，岂安边久长之策哉！"

班勇豁出去了，他先打了个比方，说东汉设州牧，为的是防止郡县出现盗贼捣乱，如果州牧能保证盗贼不起事，他也愿意用腰斩的惨烈下场，来保证匈奴不会成为边疆的祸害。如果开通西域，北匈奴的势力必然减弱，为害的可能性就缩小了，如果官兵都躲在关内，匈奴的势力只会一天天壮大。现在设校尉来保卫西域，设长史来招降诸国，如果放弃不管，西域各国必然失望，只能屈辱地向北匈奴投降，靠近西域的各郡也将会受到侵扰，恐怕河西城门白天又要关上了。现在不广泛宣传朝廷的大德，而只看到驻扎军队要多花多少钱，如果北匈奴更加强大，边塞的问题就更难收拾了。

到了这个份儿上，太尉属毛轸立马又是一个反手："今若置校尉，则西域骆驿遣使，求索无厌，与之则费难供，不与则失其心。一旦为匈奴所迫，当复求救，则为役大矣。"

毛轸顺着班勇提到的军费，接着往下无限延展：如果设置校尉，西域将不断有人来，要钱要粮将无止境，给他吧，费用难以供给，不给，又失去他们的忠心。西域各国一旦被匈奴强迫，当然又来求救，麻烦只能越来越大。

班勇没有退却："今设以西域归匈奴，而使其恩德大汉，不为抄盗则可矣。如其不然，则因西域租入之饶，兵马之众，以扰动缘边，是为富仇雠之财，增'暴夷'之势也。置校尉者，宣威布德，以系诸国内向之心，以疑匈奴觊觎之情，而无财费耗国之虑也。且西域之人无它求索，其来入者，不过禀食而已。今若拒绝，势归北属，'夷虏'并力以寇并、凉，则中国之费不止千亿。置之诚便。"

班勇的逻辑也很简单：如果让西域归附匈奴，使他们感戴大汉的恩德，不做袭扰的寇盗就很好了。如果不是这样，那么因为西域租税收入很多，兵马为数不少，将来在边陲捣乱起来，这等于让敌人富足起来，增添强敌的势力。设立校尉的目的，无非是宣传汉朝的威德，维系西域各国归附内地的心愿，使匈奴的野心有所收敛，而没有耗费国家财力的忧虑。何况西域的人要求不高，他们就算来了，也不过要点粮食罢了。现在如果一概拒绝，他们一定依附北匈奴，让他们联合起来进犯并州、凉州，那么东汉朝廷的耗费绝不止千亿而已。班勇认为，还是设置的好。

其他大臣见班勇越辩越来劲，知道说不过他，就没有再接着反驳，只能悻悻然不理他。

邓太后见识了这场提前了一百多年的"孔明舌战群儒"，大呼过瘾，很快同意了班勇的建议。

于是，东汉朝廷恢复了敦煌郡营兵三百人，设立了西域副校尉，并让他驻守在敦煌。

不过，虽然这样使西域的局势得到控制，但汉军还不能走出屯兵之地。

后来，北匈奴果然多次联合车师后国，共同进犯东汉边地，河西四郡多次遭到袭扰。

西域问题的解决，还在等待那个最适合的人。

第三节　被授西域长史，西域五国重新归附

> 勇因发其兵步骑万余人到车师前王庭，击走匈奴伊蠡王
> 于伊和谷，收得前部五千余人，于是前部始复开通。
>
> ——《后汉书·卷四十七·班梁列传第三十七》

东汉建光元年（公元 121 年），临朝听政多年的邓太后去世，二十八岁的汉安帝开始亲政。

这时，在汉安帝的周围，已经形成了以乳母王圣、中黄门李闰、江京为首的宦官集团。

汉安帝早就不满受制于邓太后的处境，邓太后的死对他来讲不仅没有悲伤，反而无异于一次政治上的解放。

邓太后死后不久，有人诬告她的兄弟邓悝、邓弘等人曾阴谋废黜汉安帝，另立平原王刘胜为帝。

汉安帝听到这一诬告，非常高兴，他立即下令将邓悝等人

打入死牢，并很快以谋反罪处死。

邓太后的哥哥邓骘因不知情，死罪虽免，活罪难逃，被免除一切职务后，遣送回乡，并受郡县官吏的逼迫而死。

在这场外戚与宦官的斗争中，宦官集团又一次得势。

为了庆祝胜利，汉安帝封江京为都乡侯，封李闰为雍乡侯。汉安帝乳母王圣及其女儿伯荣更加受到宠爱，贪污受贿，干预政事，无恶不作。

随后，官僚集团与宦官势力的矛盾日益尖锐，以杨震为代表的朝臣多次上书，要求汉安帝约束、惩戒飞扬跋扈的宦官，但汉安帝总是置之不理。

最终，在被揭发的宦官们多次诬告下，杨震被迫自杀。宦官集团再一次胜出。

就在外戚、宦官、官僚集团的多方争斗中，西域问题被搁置起来，无人问津。

不过，随着边境问题的日益严峻，汉安帝终于回过神来，并想起了班勇。

东汉延光二年（公元 123 年）四月，朝廷任命班勇为西域长史，率领兵士五百人出塞，驻扎在柳中。

东汉延光三年（公元 124 年）正月，班勇率部抵达楼兰，派出使者去与鄯善王尤还联络。

鄯善王尤还见到东汉使者，激动得热泪盈眶，当听说新任西域长史乃当年的定远侯、西域都护班超之子班勇时，他更坚定了归附汉廷的决心。

很快，鄯善王尤还便赶到楼兰与班勇相聚，两位故人一见面，开始就有说不完的话，鄯善王尤还对班勇想让汉廷重返西域的打算，非常支持，并当场表示愿意效犬马之力。

鄯善王尤还归附的消息传回京师后，汉廷特别赐给班勇三条绶带的印信，以示对他的信任和支持。

不过，龟兹王白英却一直犹豫不决，毕竟，汉军撤离西域很久了，这次能待多久，他心里也打鼓。

而龟兹王白英不表态，跟随他的姑墨、温宿两国，也不敢和班勇接触，形势变得微妙起来。

班勇得知龟兹王白英的顾虑后，派出使者向他传话，以父亲班超三十多年经营西域的努力为例，表达了自己一定会坚持到底的信念。

龟兹王白英很敬重班超，认为虎父无犬子，最终决定带领姑墨、温宿两国国王，并叫人把自己捆绑起来，亲自来到楼兰向班勇请降。

班勇立即给龟兹王白英解了绑，还为他们举行了盛大的欢迎宴会。

随后，班勇与鄯善王尤还、龟兹王白英、姑墨王、温宿王等人协商，一致认为要打击北匈奴势力，首先要从他们守备最薄弱的车师前国开始，毕竟，车师前国是被迫归附北匈奴，其实对汉廷充满了向往。

于是，班勇征调龟兹等国的步骑兵一万多人，向车师前国王庭方向进发。

北匈奴伊蠡王企图在伊和谷阻挡班勇率领的多国联军，结果被击败，北匈奴伊蠡王只能率领残部逃走。

班勇率领多国联军继续向车师前国王庭挺进，一路上收容整编车师前国军队五千余人。

车师前王大惊失色，立即前往班勇军营求见，诉说自己不得不屈身事北匈奴的苦衷。

　　班勇知道事出有因，不予追究。于是，车师前国重新与东汉建立联系。

　　班勇深知，接下来都是难啃的骨头，便率部返回柳中，继续垦田屯戍，等待机会出击。

第四节　击败车师后国报仇雪耻，斩杀东且弥王，六国平定

捕得军就及匈奴持节使者，将至索班没处斩之，以报其

耻，传首京师。

——《后汉书·卷四十七·班梁列传第三十七》

正当班勇思索着平定西域的计策时，万里之外的东汉朝廷又出大事了。

东汉延光四年（公元 125 年）三月，汉安帝在南下游玩途中，突发重病，只好下令立刻回京，到达叶县（今河南省叶县南）时，汉安帝的病情已经严重到说不出话来，没能嘱托后事，只是双眼盯着阎皇后，最终死于车中，终年三十二岁。

由于汉安帝没能明确自己的继承人，围绕着皇位的斗争再次开始。

本来汉安帝有个独生子刘保，东汉永宁元年（公元 120 年）

的时候曾被立为皇太子，但由于阎皇后多年不育，出于嫉妒已经将刘保的母亲宫人李氏鸩杀。

阎皇后担心皇太子刘保即位后，会追究杀母之仇，便与汉安帝的乳母王圣、大长秋江京和中常侍樊丰等人联手，在东汉延光三年（公元124年），先将刘保的乳母王男和厨监（古代宫廷的厨官）邴吉诬陷致死，随后又在汉安帝面前进谗言，声称刘保品行不端，不再适合继续担任皇太子。

汉安帝一方面非常宠爱阎皇后，另一方面也特别信任乳母王圣等人，再加上他认为自己还年轻（当时三十一岁），可以再生育子嗣，于是有了废立之心。

在廷议中，汉安帝的舅父、牟平侯、大将军耿宝秉承阎皇后的意旨，力主废黜刘保。

太常桓焉、廷尉张皓则表示反对，认为刘保才十岁，就算有些坏习惯也是可以纠正的。他们建议汉安帝给刘保挑选德行高超的师傅，自然就能培养出一个合格的皇位继承人。

然而，汉安帝已经铁了心要废黜刘保，便让刘保搬离东宫，另封他为济阴王。

然而，汉安帝到死也没有再生一个儿子出来，济阴王刘保还是他唯一的皇位继承人！

汉安帝死后，阎皇后及其兄长大鸿胪阎显，把江京、樊丰等人召集到一起，认为必须隐瞒汉安帝的死讯，以免在朝内的济阴王刘保被官僚集团抢先拥立为皇帝，对他们不利。

于是，阎皇后等人把汉安帝的遗体挪到卧车里，假称汉安帝身体不适，每天还是正常问候起居。

在日夜兼程回到皇宫后，阎皇后为了长久独揽朝政，便与阎显等人在宫中议定，迎立汉安帝的堂弟、北乡侯刘懿为皇帝，尊阎皇后为皇太后，史称东汉前少帝。

由于东汉前少帝刘懿年纪太小，由阎太后临朝听政，任命阎显为车骑将军、仪同三司，控制朝政大权，随后才为汉安帝发丧。

刘保因为被废黜，按规定不得上殿亲临汉安帝灵堂参与丧礼，只能一个人在济阴王府哭天抢地，不吃不喝，朝野内外都非常同情他。

同年七月，班勇调集敦煌、张掖、酒泉等郡六千骑兵，联合鄯善、疏勒、车师前国等多国军队，进攻车师后国，将车师后国军队打得大败，斩首俘获八千多人，得到马畜五万多头。

车师后国国王军就和北匈奴使者也被抓获，班勇将他们带到敦煌长史索班当年阵亡的地方斩首，替索班报仇雪耻，并将首级传送到京师洛阳。

同年十月，刘懿突发急病，阎显兄弟和江京等人守在他的身边，非常焦虑。

江京将阎显带到密室，对他说刘懿可能随时会死，应该尽快确定皇位继承人，如果被济阴王刘保得了皇位，大家都没有好果子吃，得赶紧从宗室近亲王子里挑选合适的人选了。

阎显非常认同江京的话，私下开始在刘氏宗亲中寻找符合他们需要的皇位继承人。

然而，阎显他们还没有厘清头绪，刘懿就去世了，在位总共二百零六天。

刘懿死后，阎显兄弟与江京等人奏请阎太后秘不发丧，私下征调刘懿的堂兄弟们进京，企图再次拥立年幼的王子为帝，以便他们控制。

刘保得知征调刘氏宗亲的消息后，意识到刘懿已经去世，立即安排亲信把宫门紧闭，并组织兵勇警备起来。

同年十一月，在刘懿的堂兄弟们还没来到京城时，中黄门孙程等十九名宦官合力斩杀了江京等人，迎立刘保继位，是为汉顺帝。

汉顺帝刘保继位后，很快将阎显、阎景、阎晏兄弟及其党羽全部诛杀，把阎太后迁到离宫幽禁起来。

孙程等十九位宦官则因拥立汉顺帝有功，全部被封为侯，朝政大权转入宦官之手。

东汉永建元年（公元 126 年），班勇在车师后国局势稳定后，改立前任国王的儿子加特奴为王。

随后，班勇又派遣部将斩杀东且弥王，之后另立他的本族人为王。

至此，车师后国等西域六国，全都重新归附东汉朝廷。

然而，北匈奴还有不少军队驻扎在西域，拔掉这些钉子，成了班勇的另一个目标。

第五节　结祸车师匈奴，巩固东汉权威

捕得单于从兄，勇使加特奴手斩之，以结车师，匈奴

之隙。

——《后汉书·卷四十七·班梁列传第三十七》

班勇想到的办法和父亲班超当年的一样，就是以夷制夷，

调动西域各国军队来出力。

东汉永建元年（公元 126 年）十二月，班勇调集鄯善、疏

勒等多国军队，攻打驻扎在西域的北匈奴呼衍王。

北匈奴军队大败，呼衍王只身逃走，他手下的两万多人全

都投降。

北匈奴单于的堂兄被抓获，向班勇求饶，但班勇没有理会，

而是让车师后国国王加特奴亲手将他斩杀，以此结下车师后国

和北匈奴之间的仇恨，让车师后国不敢对东汉有二心。

北匈奴单于不甘心如此严重的惨败，也想为堂兄报仇雪恨，

便亲自率领一万多名骑兵攻打车师后国，直抵金且谷。

车师后国国王加特奴无法抵挡，派使者紧急向班勇求救。

班勇命假司马曹俊率军前去救援，车师后国军队一看到汉军到来，信心大增，兵疲马倦的北匈奴单于只好率军后撤。

曹俊带领汉军和车师后国军队拼命追击，斩杀了北匈奴贵人骨都侯。

此后，呼衍王继续率部西迁到枯梧河畔居住，车师后国不再有北匈奴的足迹。

这时，西域各国中，除了焉耆王元孟尚未投降，都已归附东汉。

焉耆王元孟是班勇的父亲班超所立，此人算是西域诸国王中的"老人"，和汉军打交道也多，班勇特意多下了点功夫，想要一举解决问题。

东汉永建二年（公元 127 年）六月，班勇认为时机成熟，上奏朝廷请求出兵攻打焉耆王元孟。

于是，朝廷派敦煌太守张朗带领河西四郡的兵马三千人，配合班勇行动。

　　班勇调集西域各国的军队共四万余人，与张朗兵分两路，一同进击焉耆国。

　　其中，班勇从南道走，张朗从北道走，双方约定日期，一起到焉耆王庭会师。

　　然而，令班勇万万没想到的是，张朗这个人并不靠谱。

　　原来，张朗之前因琐事犯下罪过，急于求功为自己赎罪，就赶在约定日期之前抵达爵离关，并派遣司马率军提前进攻焉耆王庭。

　　焉耆军队不堪一击，被汉军斩首两千余人，焉耆王元孟害怕被杀，只好派使者到张朗大营，请求投降。

　　张朗也没有再等班勇，便直接进入焉耆王庭，接受完焉耆王元孟的投降后，就率军返回东汉。

　　焉耆王元孟感觉到了张朗和班勇之间的矛盾，执意不肯被捆绑起来亲自去班勇大营谢罪，只同意派自己的儿子前往京师洛阳进贡。

　　最终，张朗因攻降焉耆国，得以免除被诛杀的命运，而班勇则因贻误战机，被征召回京都洛阳，免除一切官职并逮捕入狱。

不久，汉顺帝念及班勇平定西域有功，下令将他赦免。

鉴于朝政越发昏暗，班勇没有再出来做官，而是利用自己出生在西域的优势，结合自己多年来在西域的见闻，写成了一部重要文献《西域风土记》。

《西域风土记》里包含了自汉光武帝建武元年（公元 25 年），至汉安帝延光四年（公元 125 年）整整一百年的西域各国概况，涉及西域各国的地理方位、山川形胜、风土民情、宗教信仰、历史沿革等内容。

此外，班勇还填补纠正了伯父班固在《汉书·西域传》记载的疏漏与舛误，成为南朝宋史学家范晔撰写《后汉书·西域传》的宝贵资料。

后来，班勇在家中安然去世。

班勇和他的父亲定远侯、西域都护班超一样，都在东汉朝廷对西域的统治薄弱之际，将西域各国逐一平定。

班勇更胜一筹的是，他能武也能文，将自己在西域的所见所闻写成了《西域风土记》一书，成为后人研究西域的精华。

　　不过，接下来出场的这个男人，班勇的侄子，定远侯、京兆尹班雄的儿子班始，日子实在是大起大落。

第六节　班始：娶个公主日子难过，怒杀公主，全家遭祸

　　始积怒，永建五年，遂拔刃杀主。帝大怒，腰斩始，同产皆弃市。

——《后汉书·卷四十七·班梁列传第三十七》

　　班始是定远侯、京兆尹班雄的儿子，班雄去世后，班始继承了父亲定远侯的爵位。

　　班始自幼喜欢练武打拳，继承了父祖的将门血统，是骑射的好手。由于班氏家族对东汉王朝的巨大贡献，班始娶了汉德帝刘庆的女儿阴城公主为妻，成为当朝驸马。

　　这看起来是个美丽的童话故事，班氏家族也再一次与皇室联姻，然而，班始这个驸马爷当得特别窝囊。

　　当时在位的天子是汉顺帝，阴城公主则是汉顺帝的亲姑姑，受到了汉顺帝的特别优待。

阴城公主依仗自己尊贵的地位，根本看不上自己的丈夫，对班府上下人颐指气使，从不给班始留面子。

更让班始难堪的是，阴城公主对男女之事特别投入，对象却不是自己，而是很多年轻英俊的男子。

刚开始，阴城公主还会稍微回避一下班始，偷偷与情人们享受鱼水之欢。

班始不敢多言，也只能借酒浇愁，装作没看见。

很快，阴城公主已经不满足于这种玩法，每当她与自己宠幸的男人住在帷帐里的时候，她都要命人将班始叫进来，让班始趴在床底下，默默忍受他们的"快乐"。

时间长了，班始内心积累的愤怒越来越多，最终要爆发了。

东汉永建五年（公元130年），当阴城公主的侍从再一次催班始进屋，聆听阴城公主和其他男人的"闺房戏"时，班始拿出一把剑就冲进了帷帐，直接杀死了阴城公主。

阴城公主的死讯传出后，汉顺帝大怒，下令将班始腰斩，班始的兄弟们也因此都遭到杀戮，尸体被陈列在洛阳街头。

班始及其"同产"被杀，班雄这支的后代也没有了。

自从班始怒杀阴城公主导致阖门惨剧后，班氏家族仿佛一夜之间，从史书中消失，但班氏宗族在汉史中却是留下了不可磨灭的印迹。

附录

《两都赋》

《两都赋》

　　或曰："赋者，古诗之流也。"昔成、康没而颂声寝，王泽竭而诗不作。大汉初定，日不暇给。至于武、宣之世，乃崇礼官，考文章。内设金马、石渠之署，外兴乐府、协律之事，以兴废继绝，润色鸿业。是以众庶悦豫，福应尤盛，白麟、赤雁、芝房、宝鼎之歌，荐于郊庙。神雀、五凤、甘露、黄龙之瑞，以为年纪。故言语侍从之臣，若司马相如、虞丘寿王、东方朔、枚皋、王褒、刘向之属，朝夕论思，日月献纳。而公卿大臣御史大夫倪宽、太常孔臧、大中大夫董仲舒、宗正刘德、太子太傅萧望之等，时时间作。或以抒下情而通讽谕或以宣上德而尽忠孝，雍容揄扬，著于后嗣，抑亦《雅》《颂》之亚也，故孝成之世，论而录之。盖奏御者千有余篇，而后大汉之文章，炳焉与三代同风。且夫道有夷隆，学有粗密，因时而建德者，不以远近易则，故皋陶歌虞，奚斯颂鲁，同见采于孔氏，列于《诗》

《书》，其义一也。咏之上古则如彼，考之汉室又如此。斯事虽细，然先臣之旧式，国家之遗美，不可阙也。臣窃见海内清平，朝廷无事，京师修宫室，浚城隍，起苑囿，以备制度。西土耆老，咸怀怨思，冀上之眷顾，而盛称长安旧制，有陋雒邑之议。故臣作《两都赋》，以极众人之所眩曜，折以今之法度，其词曰：

西都赋

有西都宾问于东都主人曰："盖闻皇汉之初经营也，尝有意乎都河洛矣。缀而弗康，实用西迁，作我上都。主人闻其故而睹其制乎？"主人曰："未也。愿宾摅怀旧之蓄念，发思古之幽情，博我以皇道，弘我以汉京。"宾曰："唯唯。"

汉之西都，在于雍州，实曰长安。左据函谷、二崤之阻，表以太华、终南之山。右界褒斜、陇首之险，带以洪河、泾、渭之川。众流之隈，汧涌其西。华实之毛，则九州之上腴焉。防御之阻，则天下之隩区焉。是故横被六合，三成帝畿，周以龙兴，秦以虎视。及至大汉受命而都之也，仰寤东井之精，俯协《河图》之灵。奉春建策，留侯演成。天人合应，以发皇明，乃眷西顾，实惟作京。于是睎秦岭，睋北阜，挟酆灞，据龙首。图皇基于亿载，度宏规而大起。肇自高而终平，世增饰以崇丽。历十二之延祚，故穷奢而极侈。建金城其万雉，呀周池而成渊。披三条之广路，立十二之通门。内则街衢洞达，闾阎且千，九市开场，货别隧分。人不得顾，车不得旋，阗城溢郭，旁流百廛。红尘四合，烟云相连。于是既庶且富，娱乐无疆。都人士女，殊异乎五方。游士拟于公侯，列肆侈于姬姜。乡曲豪举，游侠之雄，节慕原、尝，名亚春、陵。连交合众，骋骛乎其中。

　　若乃观其四郊，浮游近县，则南望杜、霸，北眺五陵。名都对郭，邑居相承。英俊之域，绂冕所兴。冠盖如云，七相五公。与乎州郡之豪杰，五都之货殖，三选七迁，充奉陵邑。盖以强干弱枝，隆上都而观万国也。封畿之内，厥土千里，逴跞诸夏，兼其所有。其阳则崇山隐天，幽林穹谷，陆海珍藏，蓝田美玉。商、洛缘其隰，鄠、杜滨其足，源泉灌注，陂池交属。竹林果园，芳草甘木，郊野之富，号为近蜀。其阴则冠以九嵕，陪以甘泉，乃有灵宫起乎其中。秦汉之所以极观，渊云之所颂叹，于是乎存焉。下有郑、白之沃，衣食之源。提封五万，疆场绮分，沟塍刻缕，原隰龙鳞，决渠降雨，荷插成云。五谷垂颖，桑麻铺棻。东郊则有通沟大漕，溃渭洞河，泛舟山东，控引淮湖，与海通波。西郊则有上囿禁苑，林麓薮泽，陂池连乎蜀汉，缭以周墙，四百余里。离宫别馆，三十六所。神池灵沼，往往而在。其中乃有九真之麟，大宛之马，黄支之犀，条支之鸟。逾昆仑，越巨海，殊方异类，至于三万里。

其宫室也，体象乎天地，经纬乎阴阳。据坤灵之正位，放太紫之圆方。树中之华阙，丰冠山之朱堂。因瑰材而究奇，抗应龙之虹梁。列棼橑以布翼，荷栋桴而高骧。雕玉瑱以居楹，裁金壁以饰珰。发五色之渥彩，光焰朗以景彰。于是左墄右平，重轩三阶。闺房周通，门闼洞开。列钟虡于中庭，立金人于端闱。仍增崖而衡阈，临峻路而启扉。徇以离殿别寝，承以崇台闲馆，焕若列星，紫宫是环。清

凉、宣温、神仙、长年、金华、玉堂、白虎、麒麟，区宇
若兹，不可殚论。增盘业峨，登降炤烂，殊形诡制，每各
异观。乘茵步辇，惟所息宴。后宫则有掖庭、椒房，后妃
之室。合欢、增城、安处、常宁、茝若、椒风、披香、发
越、兰林、蕙草、鸳鸾、飞翔之列，昭阳特盛，隆乎孝成。
屋不呈材，墙不露形。裛以藻绣，络以纶连。随侯明月，
错落其间。金釭衔璧，是为列钱。翡翠火齐，流耀含英。
悬黎垂棘，夜光在焉。于是玄墀扣砌，玉阶彤庭，碝磩彩
致，琳珉青荧，珊瑚碧树，周阿而生。红罗飒缅，绮组缤
纷。精曜华烛，俯仰如神。后宫之号，十有四位。窈窕繁
华，更盛迭贵。处乎斯列者，盖以百数。左右庭中，朝堂
百寮之位，萧曹魏邴，谋谟乎其上。佐命则垂统，辅翼则
成化。流大汉之恺悌，荡亡秦之毒螫。故令斯人扬乐和之
声，作画一之歌。功德著于祖宗，膏泽洽于黎庶。又有天
禄、石渠，典籍之府。命夫谆诲故老，名儒师傅，讲论乎
《六艺》，稽合乎同异。又有承明、金马、著作之庭。大雅
宏达，于兹为群。元元本本，周见洽闻。启发篇章，校理

秘文。周以钩陈之位，卫以严更之署，总礼官之甲科，群百郡之廉孝。虎贲赘衣，阍尹阍寺。陛戟百重，各有典司。

周庐千列，徼道绮错。辇路经营，修除飞阁。自未央而连桂宫，北弥明光而亘长乐。凌隥道而超西墉，掍建章而连外属。设璧门之凤阙，上觚棱而栖金爵。内则别风之嶕峣，眇丽巧而耸擢，张千门而立万户，顺阴阳以开阖。尔乃正殿崔嵬，层构厥高，临乎未央。经骀荡而出馺娑，洞枍诣以与天梁。上反宇以盖戴，激日景而纳光。神明郁其特起，遂偓寒而上跻。轶云雨于太半，虹霓回带于棼楣。虽轻迅与僄狡，犹愕眙而不能阶。攀井干而未半，目眴转而意迷，舍棂槛而却倚，若颠坠而复稽，魂忷忷以失度，巡回途而下低，既惩惧于登望，降周流以彷徨。步甬道以萦纡，又杳窱而不见阳。排飞闼而上出，若游目于天表，似无依而洋洋。前唐中而后太液，揽沧海之汤汤。扬波涛于碣石，激神岳之嶈嶈。滥瀛洲与方壶，蓬莱起乎中央。于是灵草冬荣，神木丛生。岩峻崷崒，金石峥嵘。抗仙掌以承露，擢双立之金茎，轶埃壒之混浊，鲜颢气之清英。骋文成之丕诞，驰五利之所刑。庶松乔之群类，时游从乎斯庭。实列仙之攸馆，非吾人之所宁。

尔乃盛娱游之壮观，奋泰武乎上囿。因兹以威戎夸狄，耀威灵而讲武事。命荆州使起鸟、诏梁野而驱兽。毛群内阗，飞羽上覆，接翼侧足，集禁林而屯聚。水衡虞人，修其营表。种别群分，部曲有署。罘网连纮，笼山络野。列卒周匝，星罗云布。于是乘銮舆，备法驾，帅群臣，披飞廉，入苑门。遂绕酆鄗，历上兰。六师发逐，百兽骇殚，震震爚爚，雷奔电激，草木涂地，山渊反覆。蹂躏其十二三，乃拗怒而少息。尔乃期门佽飞，列刃钻鍭，要趹追踪。鸟惊触丝，兽骇值锋。机不虚掎，弦不再控。矢不单杀，中必叠双。飑飑纷纷，矰缴相缠。风毛雨血，洒野蔽天。平原赤，勇士厉。猿狖失木，豺狼慑窜。尔乃移师趋险，并蹈潜秽。穷虎奔突，狂兕触蹶。许少施巧，秦成力折。掎僄狡，扼猛噬。脱角挫脰，徒搏独杀。挟师豹，拖熊螭，曳犀斄，顿象罴。超洞壑，越峻崖。蹶巉岩，巨石颓。松柏仆，丛林摧。草木无余，禽兽殄夷。

于是天子乃登属玉之馆，历长扬之榭。览山之体势，观三军之杀获。原野萧条，目极四裔。禽相镇压，兽相枕藉。然后收禽会众，论功赐胙。陈轻骑以行炰，腾酒车以斟酌。割鲜野食，举烽命醻。飨赐毕，劳逸齐，大辂鸣銮，容与徘徊。集乎豫章之宇，临乎昆明之池。左牵牛而右织女，似云汉之无涯。茂树荫蔚，芳草被堤。兰茞发色，晔晔猗猗。若摛锦布绣，烛燿乎其陂。鸟则玄鹤白鹭，黄鹄鸡鶖，鸧鸹鸨鶂，凫鹥鸿雁。朝发河海，夕宿江汉。沉浮往来，云集雾散。于是后宫乘輚辂，登龙舟。张凤盖，建华旗。祛黼帷，镜清流。靡微风，澹淡浮。櫂女讴，鼓吹震，声激越，謷厉天，鸟群翔，直窥渊。招白鹇，下双鹄。揄文竿，出比目。抚鸿罿，御矰缴，方舟并鹜，俯仰极乐。遂乃风举云摇，浮游溥览。前乘秦岭，后越九嵏，东薄河华，西涉岐雍。宫馆所历，百有余区。行所朝夕，储不改供。礼上下而接山川，究休佑之所用。采游童之欢谣，第从臣之嘉颂。于斯之时，都都相望，邑邑相属。国籍十世之基，家承百年之业，士食旧德之名氏，农服先畴之畎亩，商循族世之所鬻，工用高曾之规矩。粲乎隐隐，各得其所。

若臣者徒观迹于旧墟，闻之乎故老，十分而未得其一端，故不能遍举也。

东都赋

东都主人喟然而叹曰："痛乎风俗之移人也。子实秦人，矜夸馆室，保界河山，信识昭、襄而知始皇矣，乌睹大汉之云为乎？夫大汉之开元也，奋布衣以登皇位，由数期而创万代，盖六籍所不能谈，前圣靡得言焉当此之时，功有横而当天，讨有逆而顺民。故娄敬度势而献其说，萧公权宜而拓其制。时岂泰而安之哉，计不得以已也。吾子曾不是睹，顾曜后嗣之末造，不亦暗乎？今将语子以建武之治，永平之事，监于太清，以变子之惑志。往者王莽作逆，汉祚中缺，天人致诛，六合相灭。于时之乱，生人几亡，鬼神泯绝，壑无完柩，郭罔遗室。原野厌人之肉，川谷流人之血，秦、项之灾，犹不克半，书契以来，未之或纪。故下人号而上诉，上帝怀而降监，乃致命乎圣皇。于是圣皇乃握乾符，阐坤珍，披皇图，稽帝文，赫然发愤，应若兴云，霆击昆阳，凭怒雷震。遂超大河，跨北岳，立号高邑，建都河、洛。绍百王之荒屯，因造化之荡涤，体元立制，继天而作。系唐统，接汉绪，茂育群生，恢复疆宇，勋兼乎在昔，事勤乎三五。岂特方轨并迹，纷纷后辟，治近古之所务，蹈一圣之险易云尔哉。且夫建武之元，天地革命，四海之内，更造夫妇，肇有父子，君臣初建，人伦实始，斯乃伏牺氏之所以基皇德也。分州土，立市朝，作盘舆，造器械，斯乃轩辕氏之所以开帝功也。龚行天罚，应天顺人，斯乃汤、武之所以昭王业也。迁都改邑，有殷宗中兴之则焉。即土之中，有周成隆平之制焉。不阶尺土一人之柄，同符乎高祖。克己复礼，以奉终始，允恭乎孝文。宪章稽古，封岱勒成，仪炳乎世宗。案《六经》而校德，眇古昔而论功，仁圣之事既该，而帝王之道备矣。至于永平之际，重熙而累洽，盛三雍之上仪，修衮龙之法服，铺鸿藻，信景铄，扬世庙，正雅乐。人神之和允洽，群臣之序既肃。乃动大辂，遵皇衢，省方巡狩，穷览万国之有无，考声教之所被，散皇明以烛幽。然后增周旧，修洛邑，扇巍巍，显翼翼。光汉京于诸夏，总八方而为之极。是以皇城之内，宫室光明，阙庭神丽，奢不可逾，俭不能侈。外则因原野以作苑，填流泉而为沼，发苹藻以潜鱼，丰圃草以毓兽，制同乎梁邹，谊合乎灵囿。若乃顺时节而蒐狩，简车徒以讲武，则必临之以《王制》，考之以《风》《雅》，历《驺虞》，览《驷铁》，嘉《车攻》，采《吉日》，礼官整仪，乘舆乃出。于是发鲸鱼，铿华钟，登玉辂，乘时龙，凤盖棽丽，和銮玲珑，天官景从，寝威盛容。山灵护野，属御方神，雨师泛洒，风伯清尘，千乘雷起，万骑纷纭，元戎竟野，戈铤彗云，羽旄扫霓，旌旗拂天。焱焱炎炎，扬光飞文，吐焰生风，欱野喷山，日月为之夺明，丘陵为之摇震。遂集乎中囿，陈师案屯，骈部曲，列校队，勒三军，誓将帅。然后举烽伐鼓，申令三驱，輶车霆激，骁骑电骛，由基发射范氏施御，弦不睼是禽，辔不诡遇，飞者未及翔，走者未及去。指顾倏忽，获车已实，乐不极盘，杀不尽物，马踠余足，士怒未渫，先驱复路，属车案节。

于是荐三牺，效五牲，礼神祇，怀百灵，觐明堂，临辟雍，扬缉熙，宣皇风，登灵台，考休徵。俯仰乎乾坤，参象乎圣躬，目中夏而布德，瞰四裔而抗棱。西荡河源，东澹海漘，北动幽崖，南趯朱垠。殊方别区，界绝而不邻。自孝武之所不征，孝宣之所未臣，莫不陆栗，奔走而来宾。遂绥哀牢，开永昌，春王三朝，会同汉京。是日也，天子受四海之图籍，膺万国之贡珍，内抚诸夏，外绥百蛮。尔乃盛礼兴乐，供帐置乎云龙之庭，陈百寮而赞群后，究皇仪而展帝容。于是庭实千品，旨酒万钟，列金罍，班玉觞，嘉珍御，太牢飨。尔乃食举《雍》彻，太师奏乐，陈金石，布丝竹，钟鼓铿鍧，管弦烨煜。抗五声，极六律，歌九功，舞八佾，《韶》《武》备，泰古华。四夷间奏，德广所及，僸佅兜离，罔不具集。万乐备，百礼暨，皇欢浃，群臣醉，降烟力，调元气，然后撞钟告罢，百寮遂退。于是圣上亲万方之欢娱，又沐浴于膏泽，惧其侈心之将萌，而怠于东作也，乃申旧间，下明诏，命有司，班宪度，昭节俭，示太素。去后宫之丽饰，损乘舆之服御，抑工商之淫业，兴农桑之盛务。遂令海内弃末而反本，背伪而归真，女修织，男务耕耘，器用陶匏，服尚素玄，耻纤靡而不服，贱奇丽而弗珍，捐金于山，沈珠于渊。于是百姓涤瑕荡秽而镜至清，形神寂漠，耳目弗营，嗜欲之源灭，廉耻之心生，莫不优游而自得，玉润而金声。是以四海之内，学校如林，庠序盈门，献酬交错，俎豆莘莘，下舞上歌，蹈德咏仁。登降饫宴之礼既毕，因相与嗟叹玄德，谠言弘说，咸含和而吐气，颂曰：'盛哉乎斯世！'今论者但知诵虞、夏之《书》，咏殷、周之《诗》，讲羲、文之《易》，论孔氏之《春秋》，罕能精古今之清浊，究汉德之所由。唯子颇识旧典，又徒驰骋乎末流。温故知新已难，而知德者鲜矣。且夫僻界'西戎'，险阻四塞，修其防御，孰与处乎土中，平夷洞达，万方辐凑？秦岭、九峻，泾、渭之川，曷若四渎、五岳，带河溯洛，图书之渊？建章、甘泉，馆御列仙，孰与灵台、明堂，统和天人？太液、昆明，鸟兽之囿，曷若辟雍海流，道德之富？游侠逾侈，犯义侵礼，孰与同履法度，翼翼济济也？子徒习秦阿房之造天，而不知京洛之有制也。识函谷之可关，而不知王者之无外也。主人之辞未终，西都宾矍然失容，逡巡降阶，揳然意下，捧手欲辞。"主人曰："复位，今将授予以五篇之诗。"宾既卒业，乃称曰："美哉乎斯诗！义正乎扬雄，事实乎相如，匪唯主人之好学，盖乃遭遇乎斯时也。小子狂简，不知所裁，既闻正道，请终身而诵之。"

其诗曰：

◇ 明堂诗

于昭明堂，明堂孔阳。圣皇宗祀，穆穆煌煌。上帝宴飨，五位时序。谁其配之？世祖、光武。普天率士，各以其职。猗欤缉熙，允怀多福。

◇ 辟雍诗

乃流辟雍，辟雍汤汤。圣王莅止，造舟为梁。皤皤国老，乃父乃兄。抑抑威仪，孝友光明。于赫太上，示我汉行。洪化惟神，永观厥成。

◇ 灵台诗

乃经灵台，灵台既崇。帝勤时登，爰考休徵。三光宣精，五行布序。习习祥风，祁祁甘雨。百谷蓁蓁，庶草蕃庑。屡惟丰年，于皇乐胥。

◇ 宝鼎诗

岳修贡兮川效珍，吐金景兮歊浮云。宝鼎见兮色纷缊，焕其炳兮被龙文。登祖庙兮享圣神，昭灵德兮弥亿年。

◇ 白雉诗

启灵篇兮披瑞图，获白雉兮效素乌，嘉祥阜兮集皇都。发皓羽兮奋翘英，容絜朗兮于纯精。彰皇德兮侔周成，永延长兮膺天庆。